無縁社会から有縁社会へ

社団法人 全日本冠婚葬祭互助協会 編

まえがき

２０１１年3月11日、この国は東日本大震災という、未曾有の自然災害を経験しました。あれから早くも1年を経過しましたが、復興に向けての本格的な動きは、いまだスタート地点に着いたばかりなのではないかと思っています。

本書は、２０１２年の年頭に、私ども社団法人全日本冠婚葬祭互助協会が主催させていただいた座談会の記録に、各出席者の皆さんが補筆した内容となっています。座談会は2時間足らずの時間でしたので、語り足りなかった部分、あるいは持論の補強、伝えたい事実の補足など、各出席者の皆さんにそれぞれ補筆していただき、再編集したものです。

「無縁社会」というタイトルだけを見ると、少し重たく感じられる内容を想像されるかもしれません。しかしながら、この国が現在、そして将来にわたり抱えている大きな問題こそが、この無縁社会のなかにあると私どもは考えています。

東日本大震災では「絆」という言葉が一つの象徴となり、人と人との「縁」というものを取り戻そうと、社会全体がようやく動き始めました。その一方で、同じ年末には仮説住宅での孤独死がニュースになりました。なかなかこの問題は根が深く、容易に解決するものではありません。おそらく、日本が高度経済成長を経て成長する代わりに何かを壊してしまったがために、「無縁社会」という現象が生じてきたのではないでしょうか。私どもは、その克服なしには国の発展はないという、非常に強い危機感を抱いています。無縁社会——この容易ならざるものをクリアしていくことが、課せられた命題であると感じています。

全互協は無縁社会の克服をめざし、今後も努力していきたいと考え、今回はこの大きなテーマに取り組んでもらうために、6人の有識者や実践者の方々にお越しいただきました。

この座談会の記録が読者の皆様にとって、また社会にとっても有意義なものになりますことを祈念し、まえがきに代えさせていただきます。

社団法人全日本冠婚葬祭互助協会 会長　杉山雄吉郎

無縁社会から有縁社会へ——目次

座談会出席者

【司会】佐々木かをり（ささき かおり）

１９８７年に国際コミュニケーションのコンサルティング会社、株式会社ユニカルインターナショナルを設立、代表に就任（現職）。世界70言語に対応するコミュニケーション会社として企業の指導にあたる。また、２０００年に、株式会社イー・ウーマンを設立、代表に就任（現職）。時代を動かす新しい消費者・生活者による提案などを企業や政府などに情報提供している。法制審議会、中央教育審議会等政府委員も多くつとめ、ダイバーシティ経営、新しい消費者との対話など講演、セミナー、著書なども多い。日本最大の働く女性の会議「国際女性ビジネス会議」の実行委員長でもあり、企画運営を17年間務めている。二児の母。

奥田知志（おくだともし）

１９６３年滋賀県生まれ。関西学院大学神学部大学院修士課程卒業。西南学院大学神学部専攻科卒業。九州大学大学院博士課程後期修了。学生時代に訪れた大阪市・釜ヶ崎の日雇い労働者の現状を目の当たりにし、ボランティア活動に参加したことがきっかけで、牧師の道を歩み始める。90年、東八幡キリスト教会牧師就任。同年、ホームレス支援組織北九州越冬実行委員会に参加。２００１年、自立支援住宅開設。04年、市との協働事業「自立支援センター北九州」開所。現在、北九州ホームレス支援機構理事長、ホームレス支援全国ネットワーク理事長を務める。

鎌田東二（かまたとうじ）

１９５１年徳島県生まれ。國學院大學文学部哲学科卒業。同大学大学院文学研究科博士課程神道学専攻修了。89年、国際日本文化研究センター共同研究員・客員助教授。95年、ダブリン大学ケルティックスタディーズ客員研究員。２００１年、「言霊思想の比較宗教学的研究」により筑波大学から文学博士号（論文博士）を授与される。現在は京都大学こころの未来研究センターにて教授職に就き、哲学者、宗教学者としても活躍中。また、神職の資格をもち、ＮＰＯ法人東京自由大学理事長、日本宗教学会・神道宗教学会・比較文明学会などの理事も務める。

島薗進（しまぞの すすむ）

１９４８年東京生まれ。72年、東京大学文学部宗教学・宗教史学科卒業。74年に同大学大学院人文科学研究科修士課程を修了した後、日本学術振興会奨励研究員に。84年、カリフォルニア大学バークレー校に留学。96年にシカゴ大学宗教学部客員教授に就任。現在は東京大学大学院教授を務める。宗教を基盤として、社会的・文化的事象に幅広く関心をもち、多数の著書・論文等の業績がある。また、フィールドワークも積極的に行っている。

山田昌弘（やまだ まさひろ）

１９５７年東京生まれ。86年東京大学大学院社会学研究科博士課程修了。学芸大学の助教授だった１９９９年、成人後や学卒後も親と同居し続ける未婚者を「パラサイト・シングル」と命名し話題を集める。２００６年には格差社会問題の先鞭をつけたことが評価され、新語・流行語大賞を受賞。07年、『新平等社会――「希望格差」を超えて』（文藝春秋）で日経ＢＰ・ＢｉｚＴｅｃｈ図書賞を受賞。また、『「婚活」時代』（ディスカヴァー携書）のなかで、共著者の白河桃子氏と共に「婚活」という造語を考案・提唱し、流行させた立役者でもある。現在は中央大学文学部教授であると同時に、内閣府男女共同参画会議・民間議員も務める。

一条真也（いちじょうしんや）

1963年、北九州市生まれ。早稲田大学政治経済学部卒。北陸大学未来創造学部客員教授、冠婚葬祭互助会経営者、全日本冠婚葬祭互助協会理事。血縁、地縁などさまざまな縁を取り戻すことを「冠婚葬祭業のインフラ整備」と位置づけ、無縁社会への具体的解決策を模索、行動し続けている。『世界一わかりやすい「論語」の授業』（ＰＨＰ文庫）、『図解でわかる！　ブッダの考え方』（中経の文庫）『葬式は必要！』『ご先祖さまとのつきあい方』（共に双葉新書）、『隣人の時代～有縁社会のつくり方』（三五館）など著作多数。2012年、第2回「孔子文化賞」を受賞。

新春座談会
無縁社会を乗り越えて
～人と人の"絆"を再構築するために～
主催　社団法人全日本冠婚葬祭互助協会

「孤独死」3万人の衝撃

佐々木　本日は実にさまざまな立場にいらっしゃる方々にパネリストとしてお越しいただきました。できるだけたくさんのお話をうかがいたいと思っておりますが、その前に、今日のテーマである「無縁社会」についてお話をしておきたいと思います。

家族、故郷、そして会社とのつながりが急速に切れている現代社会を、NHKでは「無縁社会」と呼び、２０１０年の1月に※特集番組が放送されたところ、大変大きな反響がありました。ここ数年、誰にも知られず、引き取り手もないまま亡くなっていく人が増えていること。その背景に、かつて日本社会を紡いできた「※地縁」、「血縁」といった地域や家族・親類との絆に加えて、会社との絆である「社縁」までもが失われ、絆の存在自体が希薄になってしまった時代背景があること。これらの事実に着目して、日本の急速な「無縁社会」化の原因と事例、対策を探った意義深い番組でした。

地縁、血縁、社縁を失いつつある日本社会が、どのようにすれば有縁社会とでも呼ぶべき社会へ転換していけるのか……。その答えを、出演者の皆さまといっしょにこの場を通じて探っていければと思っております。

本日ご登壇いただいている皆様は、それぞれの分野の専門家でいらっしゃいます。まずはこの「無縁社会」というものについて、さまざまな視点から発言をしていただきたいと思います。では、奥田さんからお願いいたします。

奥田　皆さん、こんにちは。奥田と申します。実は、私の本業は牧師であります。同時に北九州でホームレスの支援を長年やってまいりました。ここで私のほうから自己紹介も兼ねまして、「無縁社会」という表現のありかたについて少しお話をしたいと思います。

ＮＨＫの「無縁社会」シリーズには、その最終回である「日本の、これから」という番組を含め、私も2、3回出演させていただきました。ただ、打ち合わせの段階で、ＮＨＫ側にちょっと意地悪を言いまして。「無縁社会なんかないですよ」と指摘したんです。というのも、本来、人間同士のつながりを表現する場合、「社会」か「無縁」のどちらか一方の言葉しか使えないはずですから。「社会」と呼ぶ状態であれば、無縁ではないはずだし、「無縁」と呼ぶのであれば、もはや社会は崩壊したというべきなのです。いずれにしても、「無縁」という言葉と「社会」という言葉をくっつけて表現するのはアンビバレンツなこと。非常に矛盾した表現だということを理解していただきたかったたん

※特集番組…2010年1月31日、ＮＨＫスペシャル「無縁社会～〝無縁死〟3万2千人の衝撃～」として放送。その後も「報道プロジェクト・あすの日本」の一環として関連する企画を放送した

※地縁…住む土地に基づく縁故関係のこと。地域共同体や町内会、近隣住民同士の縁などが挙げられる

です。

実はホームレス支援の現場においては、ここで言う「無縁性」が非常に大きなテーマでありました。私が北九州でホームレスの支援を始めて24年になりますが、困窮者を支援するうえで、いちばん大切なのは「見立て」です。何に困っていらっしゃるかということを、いかにして見立てるかが大変重要でした。

野宿者の問題は二つあると想定してきました。一つはハウスレス問題であり、もう一つがホームレス問題です。この二つの観点に立って支援活動を組み立ててきました。

では、ハウスレスとホームレスは何が違うのか。「ハウスレス」は、住む家に象徴されるさまざまな物理的・経済的欠落を指します。家がない、着るものがない、食べるものがない。そこから始まる困窮がハウスレス問題です。

しかし、路上から支援を受けてアパートに入ることができれば、それですべてが解決するのでしょうか。たとえば、路上生活を経てアパートに入られて再就職された方がいらっしゃる。やれやれこれで安心だ、とこちらもそのときは思うのですが、その方が住んでいらっしゃるところへ実際に訪ねていくと、アパートのなかで一人きりで暮らしている姿を見ることになるわけですね。

部屋のなかに一人ポツンと座り込んでいるその方の姿を見ます。今は職もあり、いわば自立をはたしている。けれど、部屋のなかでポツンと座っている姿が、駅の通路でポツンと座ってた日の姿にかぶって見えてしまう。

いったい何が解決できて、何が解決できてないのか。そこにはもう一つの問題、「ホーム」がない、という問題が横たわっていると思われるのです。「ホーム」すなわち、家族と家庭に象徴されてきた「関係性」を喪失している。路上で亡くなる方々の7割から8割は無縁仏になります。引き取り手のないご遺体です。自立されてアパートに入られた後も、亡くなったときに家族が迎えに来られる割合は50％にとどまっています。すなわち、路上で生活する方々にとって、「ホーム」と呼べる「関係・縁」がなくなっている。これが問題の本質なんです。

路上生活の段階では、皆さん「最期は畳の上で死にたい」とおっしゃる。これは本当に痛切な叫びだと思います。じゃあ、アパートに入ればもう安心かというと、まったくそうではない。次に皆さんが口にするのは「俺の最期は誰が看取ってくれるだろうか」。――これこそがホームレスという課題

であり、まさしく無縁性の問題がくっきりと浮かび上がるわけです。

ですから、支援活動においては、アパートや仕事など、その人にとって「何が必要か」という問いと共に、もう一つ、根本的な問いについて考えなくてはいけない。つまり、「その人にとって誰が必要か」ということです。この二つの問いへの答えを一つのテーマとして同時に解決させていく。それがホームレス支援の20数年の課題でありました。

20年前路上で見ていた光景が、今や日本中に拡大しています。私はもともと関西の出身なので、かつて全国から3万人ともいわれる日雇い労働者が集まり、路上生活者が数多くおられた大阪市の寄せ場である釜ヶ崎の窮状を目の当たりにしてきました。その釜ヶ崎で見ていた日雇い労働者の現実が、20数年後の今、全国で広がっている。日本全体が非正規雇用の時代になって、若者たちが使い捨てにされる時代に突入した。仕事の面でもそうですし、いわゆる「縁」、人と人との関係においても、路上で目にしてきたものが、日本じゅうの現実になっているという印象を強く受けてお

ります。

今日はそういった、人と人との関わりに関する問題のなかからお話をさせていただければ、と思いますのでどうぞよろしくお願いいたします。

佐々木　ありがとうございます。後ほどゆっくり聞かせていただきましょう。続けて鎌田さん、お願いいたします。

鎌田　私は宗教哲学・民俗学・日本思想史といった領域を研究してまいりました。そういう観点から見て、特に「平成」という元号に成り代わったあたり、今から20数年前から、現代は中世のような時代であるという考えをもつにいたり、「現代大中世論」を唱えるようになりました。つまり現代は、中世的な状況や問題を拡大・再生産しているような時代だということです。「歴史は繰り返す」とよく言われますが、私の観点は、「スパイラル史観」で――歴史は螺旋状に、よく似た問題状況を抱える時代を拡大再生産しながら進行していくと考えています。けれども、歴史は進化するとは考えておりません。むしろ、問題の根が深くささり、拡大再生産されていくので、いよいよ解決が困難になりながら先送りされていくととらえています。

それでは、中世と現代と、いったいどこがどう似ているのか。私はこれを「四つのチ縁崩壊」という観点から説明しています。まず「血縁」――血、すなわち「チ」です。家族や親族といった血のつながりが切れていく。それから大地や、コミュニティ、共同体的な「地縁」が切れていく。さらには知、1960年代後半の大学闘争や原発事故後の科学者不信など、知性のつながりが機能せず、「知的な縁」も切れ、情報化社会のなかで問題を噴出させている。そして最後は、「霊縁」ですね。霊という字も「ちはやぶる」とか「チ」と読ませますが、先祖祭祀や祖先崇拝といった、「霊縁」と呼ぶべきものも希薄になっている。この四つのチ縁崩壊が、中世においても、現代においても共通していると考えているわけです。

では、そういうチ縁の崩壊がなぜ起こったのか。まさにそこが「乱世」であり、「末法の世」すなわち「末世」とされた「中世」たるゆえんですが、ともかくこれら全部をひっくるめて「無縁化している」と表現することもできるでしょう。ところが、この「無縁化」という状態は、中世においてはマイナスなことばかりじゃなかった。

実は、「無縁」という言葉は、中世においても実際に使われていた言葉です。当時は、昔からあった縁を1回切ってより自由になる――つまり逃げることができるという場面で使っていた。その逃げるというのは、ただネガティブなイメージだけじゃなくて、新しい世界に入っていくとか、しがらみから脱出するという意味合いもあった。だからそれは、けっしてマイナスとなることばかりではない。この「無縁」を「自由」と絡めて積極的にとらえたのが、歴史家の故網野善彦氏でした。

中世は仏教的に言えば末法の世・末世であり、乱世で戦争が繰り返された時代です。そういう時代のなかで、心の拠りどころとなる新たな縁結びを、新しい宗教に求めた。たとえば、「南無阿弥陀仏」という新しい宗教的信仰によって、新しい縁——阿弥陀如来との縁を結び直そうとした。こういう新しい縁結びが中世という時代に生まれました。

現代も、無縁化した状況のなかから新しい縁結びを求めて、それを探ろうとしている状況にあるのではないか、と私は考えているわけです。

今回の震災があったときに、非常に対極的な現象だなと思ったのは、「パワースポット」というものの流行についてです。これもまさに「チ縁」が崩壊した無縁化社会の一現象だと思うのですが、いろんなところへ自由に行って、その土地のパワーをもらうみたいな感覚がありました。その流行がピークのときに、あの未曾有の大津波が押し寄せたわけです。

そのとき、パワースポットブームはどこへ行ってしまったのか。これは改めて問いかけてみなければいけない問題です。もう一度、こういった現状のなかで、そのパワーの源泉が、実はどこにあったのか考え直してみなければいけない。

　その源泉の一つは自然、もう一つは地域です。聖地としての自然の力と、それを聖なる場所として維持してきた共同体、コミュニティの存在がパワースポットを維持してきたんです。その多くは神社や仏閣、ないし鎮守の森といった、自然の力によって癒されるような空間でした。震災を経た今、そういう伝統的な聖なる自然空間を、もう一度縁結びの場として再構築していく段階に入ってきているのではないでしょうか。

　今日はそれぞれのパネリストの発題と議論を聞きながら、スパイラル史観と現代聖地論という観点も含めてお話ししていきたいと思います。よろしくお願いします。

佐々木　ありがとうございました。いろいろとお尋ねしたいことが出てきますが、続いて島薗さんにお願いしたいと思います。
島薗　皆さん、こんにちは。まずは自己紹介を兼ね、私個人の足跡について少しお話をさせていただきたいと思います。

私は家族に医者が多かったので、大学に入る時は医学部にいくつもりでおりました。ちょうど60年代の終わりのことです。ところが、いざ大学に入って医学のはじまりのところを勉強すると、体の部分に関することばかりで、あまり「人間」が出てこない。人間を生物体として勉強するというか、徹底的に理系の学問なんですね。しょうがないかなとも思ったけど、やっぱり私自身は人間と接するところに医療・医学というものの魅了を感じていたので、これはなにか違うと思って宗教学に転向したんです。

それ以来、当初志していた分野とまったく異なった分野へ行ったと思っていたのですが、最近また帰ってきまして、医療と宗教とか、医療と社会の関わりについて考えるようになりました。これは一つには、宗教学というものをやっているうちに、「死生学」というものに関わるようになったからです。死に往く人の看取りや、死別の悲しみ。こういう問題について、大学の研究のなかでも、文系の人間と医学部の方たちが協力しながら行っていくべきだという気運が高まってまいりました。

医学という学問が、あまりに「人間の生き死に」というところから離れてしまった。病院というのは人をケアするところなんだけれども、体を治すところでしかなくなってしまったのではないか。こういうことが現代においては非常に大きな問題になっていると思います。

無縁社会の問題もそういった流れと密接な関係にあるといえます。前のパネリストの方々のお話にも出てきましたように、無縁社会の悲しさは、死別の時にすごくはっきり表われてくる。医療が今、自分たちに一番欠けていたものを考え直すということと無縁社会の問題はつながっていると思います。

少し話が前に戻りますが、私が宗教学に取り組み始めた当初から、できるだけ机の前でなく生きている人間の近くで研究をやりたいと感じていました。そこでフィールドワークを通じ、日本において「今まさに生きている宗教」というものを勉強しました。つまり、新宗教というものに親しんだわけです。最初は天理教や金光教を信仰している方たちに交じって勉強しました。その後、立正佼成会や創価学会に所属する方と共に学んだこともありました。

かつてこの国には、地域社会・農村地帯を中心に緊密な絆が存在していました。しかし、人々が大量にこの都市社会へ出てきて、そこで絆が失われてしまった。その絆を結び直す働きとして、前述のような新宗教が興隆した。こういう解釈が宗教社会学的になされています。これは非常に納得がいく解釈だと思います。

ところが、そういった新宗教というのが一番発展したのは1920年代から60年代まで。70年以降は、それまで成長してきた宗教団体がもう伸びなくなったんです。代わりにオウム真理教とか、幸福の科学とか、エホバの証人といったものが出てきます。エホバの証人は古い団体ですが、日本で成長したのは70年以降です。オウムとかエホバの証人というのは、ある意味で非常に緊密な絆をつくっている反面、外と切り離されている。外界から孤立してなんとかまとまってるというか。そして、非常に凝縮した集まりにもかかわらず、みんな違う方向を向いている。お互いのことは見てないんですね。みんな教祖のことは見ているけど、お互いであまり話をしない。

そういう流れが、実は社会全体を反映しているのではないかと私は思います。縁が結べなくなってきている。だから、たまたま上手くいってない人だけがホームレスになったり、高齢になって孤立してしまうというのではなくて、みんなが孤立の傾向をもって生きているといえる。いつ離婚するかわからない。家族同士もいつばらばらになるかわからない。そんな社会状況が背景にあるんじゃないかと思います。

同時に、それに代わるような宗教のありかたってなんだろう、ということも私は考えているんです。もう一度、かつての日本にあったような絆のありかたに戻ることは、おそらく不可能でしょう。何か別の形で、絆のありかたを模索しなくてはならない。

ちなみに、医療的なお世話（ケア）というものはどういうふうに変わってきているか。これに関しても、かつての日本とは異なった様相を呈している。昔は病院に「付き添い」という役割の人間がいたんですね。それから家族がつき添ったんです。家族がつき添って、さらに付き添いの方にお願いした。だから、付き添いの方は患者にとって家族代わりみたいな感じだった。そういうタイプのことは、現代の日本ではもちろん望めない。しかし、なんとかそれに代わるものを探さなければいけない。

今、一番求められているのは、※在宅ホスピス、在宅の緩和ケアですよね。じゃ、どういうふうにそれを進めていったらいいのか。そういうことが医療関係でも深刻な問題になっている。それは、今日いらっしゃる皆さんのお仕事の領域と非常に近いのではな

※在宅ホスピス…治療が不可能となった患者に対し、病院ではなく、患者の自宅で緩和ケア等を施しながら最期を看取るシステム。終末期医療の選択肢の一つとして近年注目されている。

宮城県亘理郡山元町 普門寺

いかと思っております。
今回の震災では「絆」という言葉が希望の象徴になりました。いうなれば、「無縁社会」という標語が出てきたのと、「絆」という言葉が意識されるようになったのは裏表の現象だと指摘できるでしょう。震災後、人々はそれぞれ考え方を大きく変えなくてはいけなくなった。今までの生活のありかたを変えなきゃならないと感じるようになったわけです。そういう意識が非常に深く動いている。それは、今後の日本社会にとっても大きな変化といえるのではないでしょうか。それがどういうふうに具体化できるか、そこまではなかなか見えてこないけれども、少なくとも人の心はそっちのほうへ大きく転換しつつあると私は感じています。

佐々木　ありがとうございました。続いて山田さん、お願いします。

山田　中央大学の山田と申します。互助会協会さんとは10年ぐらい前に一度、冠婚葬祭需要調査でごいっしょさせていただきました。5年ぐらい前にも同じような調査に協力しましたので、もしかしたら昔いっしょにお仕事をなさった方も来てらっしゃるかもしれませんね。どうぞ本日はよろしくお願いいたします。
あと一つ。最近、冠婚葬祭業界に就職したいという学生が多くなってきました。

事務や営業よりも、人と接して人を幸せにする仕事に就きたい、人が幸せになるのをサポートしたいという学生が増えてきているんです。もちろん結婚式もそうなのですが、この前女子学生に「将来は何になりたい？」と尋ねたら、「お葬式の業界に興味があります」という答えが返ってきました。やっぱりこれも人のつながりというものに関心が出てきたことの証拠なのかもしれません。皆さん、ぜひ中央大学生の就職をよろしくお願いいたします（笑）。

私は、※パラサイト・シングル・格差社会・※婚活という言葉に代表されるように、家族や社会を何十年も研究してきた者でございます。特に結婚、少子化に関わること。未婚化、つまり、少子化にもかかわらず、結婚する人がどんどん少なくなっているということに関して、さまざまな調査・研究をしています。ただ、結婚したくないという人が増えているわけではないんですよ。むしろ「結婚したいんだけれどもできない」とい

※パラサイト・シングル…学卒後もなお親と同居し、基礎的生活条件を親に依存している未婚者を指す。単に「パラサイト」と呼ばれることもある。山田氏によって提唱された造語・概念。

※婚活…結婚するための活動を就職活動（＝就活）になぞらえた造語。山田氏と少子化ジャーナリストの白河桃子氏の共著『「婚活」時代』（ディスカヴァー携書）で注目され、流行語大賞にもノミネートされた。

う人がどんどん増えてきているわけです。絆とか、縁とか、つながりとか言いますけれども、家族以外のいろんなつながりが信用できなくなっているせいなのか、やっぱり結婚して家族をもつことが一番確実なつながりだと思っていますね。今の若い人は。

会社は信用できない、国も信用できない、友だちだっていつか離れていくかもしれない。だったら、とにかく自分が大切にされて、自分が必要とされているような関係を欲しい、という人が増えてきているんだと思います。50年ぐらい続いている価値観調査というものがあるんですけども、そのなかで、一番大切なものが「家族」という答えが長期的に増えているんです。今の時代、常識では、個人主義化しているから、「お金」が大切だという人が増えているのかなと思いきや、まったく逆。むしろ戦後のほうが、お金が大切だという人がずっと多かったんですね。おそらく、まだまだモノが足りず物質的に豊かでないぶん、生き残るのが大変だったという時代は、「まずお金が大切、仕事が大切」と考える人が多かった。ところが、物質的に豊かな社会になった今、「家族」のように、自分が大切にされ、必要とされてることを実感でき

るような関係が欲しいという気持ちがどんどん強まってきているんだと思います。

でも一方で、家族がだんだんできなくなってきているという現状が、この無縁社会の問題なんですね。どうしてこういうふうになってきたのか。これについては後ほどお話をする機会があると思いますので、今は数字に関することだけ話しておきましょう。

冒頭で、無縁社会のなかでは年3万2千人が孤独死しているという話が出ました。ちなみに今の70代の未婚率、結婚していない人の割合は、だいたい3％なんですよ。今、年間約100万人亡くなりますから、3％というのは3万人に相当する。要するに、無縁死・孤独死とされている人と、70〜80代ぐらいの未婚で亡くなる人の数はほとんどイコールなんです。

国立社会保障人口問題研究所というところでは、将来の人口予測を行っているのですが、実はこの予測を利用して学生を脅しているんですよ。どうやって脅しているか？今の30代以下の人の未婚率は25％。離婚率はほぼ3分の1です。だいたい10年ぐらいの間に3組に1組が離婚する時代なんですね。つまり、結婚して、離婚しないですむ人って、今の若い人の二人に一人しかいないんですよ。だから、中高年の方にお子さんが二人いらっしゃったら、そのうち一人は結婚しないで家にずっといるか、離婚して出戻ってくるかのどっちかということですからね。皆さん覚悟しておいてください。私は子ども一人なので覚悟していますけども（笑）。

そういう状態になっているからこそ、自分が大切にされて、必要にされているという家族が今後いなくなる可能性がある人が増えている。もちろん今後は、家族だけではなく別の関係もつくらなきゃいけないんですけれど、ひとまず家族というものに限定してみると、それを当たり前のようにもっている人自体が、だんだん少なくなってきているという事実が浮かび上がる。

私は以前、「格差社会」という言葉で流行語大賞をいただきましたけども、つまり「縁の格差」、縁がある人とない人の格差が今後大きくなってくるという点で、これからの日本の社会がどうあるべきかということについて考えていきたいなと思っております。

佐々木　ありがとうございます。続けて一条さん、お願いいたします。

一条　私は一条真也という名前で本なども書いておりますが、本名は佐久間庸和という名前で冠婚葬祭互助会を経営しております。

私は、今日の表題の「無縁社会」という言葉を見るたびに強い違和感を感じるのです。こんなおかしな言葉はない。先ほど奥田理事長もおっしゃっていましたが、ＮＨＫともあろうものが本当におかしな日本語をつくったなあと思っているんですね。

もともと「社会」という言葉は、「関係性のある人間のネットワーク」という意味だと私は思っているんです。仏教的に言えば、「縁ある衆生の集まり」だと。ですから、社会とは最初から有縁なんですね。私はこの「無縁社会」という標語は、まったく日本語として破綻している言葉だと最初から思っていました。

それから、もう一方のマスコミの雄である朝日新聞が「※孤族」という言葉を打ち出しました。孤族というのは、孤独の「孤」に暴走族の「族」。これもまったくおかしな表現です。「孤」というのは一人という意味ですね。「族」というのはグループという意味なので、これもまた日本語として破綻している。目新しく見える言葉によって、日本の社会をおかしな方向性に導こうとしているのかなとでも思ってしまう。「言霊」となどと言われますが、言葉というものは、いったん発せられると実際に社会に影響を与えていって、次第に変化させていくんですね。つまり言葉が社会をミスリードしてしまう。

ですから、私は「有縁社会」というものが「祈り」の象徴だと思う一方で、「無縁社会」

※孤族…社会において誰とも接点をもたないまま高齢化し、誰にも看取られることなく人生を終えてしまう人たちのことを指した造語。いわゆる単身化現象の行き着く先とされる。『朝日新聞』で使われた。

という言葉は「呪い」の発動の一端だと思っているんです。今からちょうど2年前、2010年1月にNHKスペシャルで「無縁社会」という番組が初めて放映され、大変なインパクトを視聴者に与えました。その同じ1月に、もう一つの出来事があったんですね。島田裕巳さんという方が『葬式は、要らない』という本を書いた。これがまた売れた。「無縁社会」と「葬式は、要らない」という言葉は、同じ2年前の1月に登場したんです。私自身、これは不思議な話だなと思ったわけですが、よくよく考えたら不思議じゃない。同じことを言っているんですね。「無縁社会」と「葬式は、要らない」というのは同義語なんです。

まず私は、『葬式は、要らない』のほうに反論しました。最初は見過ごしていたのですが、どんどん本が売れ始めたと聞いて、このままでは日本は大変なことになると思った。そこで『葬式は必要!』という本を書いたんです。「葬式は、要らない」という言葉が流行語にもなりつつあったとき、べつに「私どもの会社が困る」とか、そういうことはまったく思いませんでした。申し訳ありませんが「全互協が困る」なんてことも特に思いませんでした。じゃあ、何を思ったか。「日本人が困る」と思ったんです。「葬式は、要らない」なんて言葉を本当に日本人が信じたら、大変なことになってしまう。

私自身は、約6〜7万年前にネアンデルタール人が死者に埋葬した瞬間から、人間というものが生まれたんじゃないかとさえ思っています。

じつに6〜7万年も前、旧人に属するネアンデルタール人たちは、近親者の遺体を特定の場所に葬り、ときには、そこに花を捧げていました。

死者を特定の場所に葬るという行為は、その死をなんらかの意味で記念することに他なりません。しかもそれは本質的に「個人の死」に関わります。

すなわち、ネアンデルタール人が最初に死者に花をたむけた瞬間、「死そのものの意味」と「個人」という人類にとって最重要な二つの価値が生み出されたのです。

ネアンデルタール人たちに何が起きたのでしょうか。何が起こったにせよ、そうした行動を彼らに実現させた想念こそ、原初の宗教を誕生に導いた原動力だったのです。このことを別の言葉で表現するなら、人類は埋葬という行為によって文化を生み、人間性を発見したのです。

人間を定義する考え方として「ホモ・サピエンス」（賢いヒト）や「ホモ・ファーベル」（工作するヒト）などが有名です。オランダの文化史家ヨハン・ホイジンガは「ホモ・ルーデンス」（遊ぶヒト）、ルーマニアの宗教学者ミルチア・エリアーデは「ホモ・レリギオースス」(宗教的ヒト)を提唱しました。同様の言葉に「ホモ・サケル」(聖なるヒト)というものもあります。しかし、人間とは「ホモ・フューネラル」(弔う人間)だと、わたしは思っています。ネアンデルタール人が最初の埋葬をした瞬間、サルが人になったとさえ思っています。

これまでネアンデルタール人は、わたしたちの直接の祖先ではないとされていました。最近、マックスプランク研究所とアメリカのバイオ企業などからなる国際チームが再度、ネアンデルタール人のゲノム(全遺伝情報)を骨の化石から解読したところ、現生人類とわずかに混血していたと推定されるとの研究結果が出たのです。

そして、その研究結果は2010年5月7日付のアメリカの科学誌「サイエンス」に発表されました。ちょうど『葬式は必要!』の刊行直後に、人類史をひっくり返すような大発見があり、しかもそれは人間にとって葬式が必要であることの根幹をなす発見でした。わたしは、本当にビックリしました。

ヒトと人間は違います。ヒトは生物学上の種にすぎませんが、人間は社会的存在です。ある意味で、ヒトはその生涯を終え、自らの葬儀を多くの他人に弔ってもらうことによって初めて人間となることができるのかもしれません。

つまり私は、葬儀は人間の存在基盤だと思っているんです。あらゆる宗教も民族も国家も、社会主義国でさえ、すべて死者儀礼を行ってきた、すなわち、お葬式をあげてきました。そんな人類の歴史において、「葬式をあげなくていい」という、前代未聞の存在に日本人がなってしまったら、人類史上の恥だと思ったんです。日本人が人類社会からドロップアウトしてしまうと思ったわけです。

それともう一つ。無縁社会という言葉自体は非常におかしな表現だなとは思いますが、この言葉が指している現象はたしかに起こっていると思います。日本社会が無縁化している。血縁や地縁が希薄化して、明らかに結婚式も人数が減っているし、お葬儀の参列者のほうも減っています。加えて、結婚しない方も増えていますし、お葬式をあげない方も増えている。どうも社会がそういう方向に進んでいると思うのですが、もしかしたらそこに、互助会というものも何か非常に深い影響を与えているのではないかと思っているんです。

ある社会的な大きな変化があった場合、約半世紀後に社会そのものが変化するという法則があります。これは、20世紀

最高の経営学者であり社会生態学者でもあったピーター・ドラッカーが唱えた法則です。ドラッカーによれば、西洋の歴史では、数百年に一度、際立った転換が行われるといいます。そして社会は、数十年かけて、次の新しい時代のために身を整えます。世界観を変え、価値観を変えます。社会構造を変え、政治構造を変えます。技術や芸術を変え、機関を変えます。やがて50年後には、新しい世界が生まれるというのです。

たとえば、1455年のグーテンベルクによる植字印刷や印刷本の発明の約半世紀後にはルターによる宗教改革が起こりました。また、1766年にアメリカが独立し、ジェームズ・ワットが蒸気機関を完成し、アダム・スミスが『国富論』を書いた半世紀後には何が起こったか。そう、産業革命が起こり、資本主義と共産主義が現われたのです。さらには、世界初のコンピューターである*ENIACが完成したのは1946年ですが、その50年後、インターネットが世界中に普及して、IT社会が出現しました。

このように、大いなる変革の約50年後に社会が変化するというのが「ドラッカーの法則」です。ドラッカーは「西洋の歴史」に限定していますが、わたしは「日本の歴史」にも適用できるのではないかと考えています。このドラッカーの法則によれば、現在から50年前には何が起こったかを知ることが大切になります。現代日本社会の「無縁化」は、明らかに大きな社会的変化と言えます。

無縁社会と呼ばれるようになった今から半世紀前に、いったい何が起こったかなと考えてみたところ、実は各地で冠婚葬祭互助会が生まれているんですね。これはどういうことなのか。後ほど詳しくお話ししたいと思うのですが、私はやはり、互助会が無縁社会を乗り越えて「有縁社会」を再生する使命をもっていると同時に、それを成し遂げる力もまたもっていると思っているのです。今日はあたりの問題について皆さんといっしょにお話できたらと思っております。

※エニアック（ENIAC）…1946年にペンシルベニア大学で公開された黎明期の電子計算機。世界最初の汎用コンピュータとされる。

「無縁」と「社会」との断絶

佐々木　本日はご覧のように論客が揃っていますので、どうやってこの時間を取り仕切っていこうかという気持ちでございますが、まずは「無縁社会」という言葉の違和に関することについてお聞きしていきたいと思います。

「無縁」という言葉と「社会」という言葉が一つの単語になっていること自体、私もちょっとおかしいなと思います。奥田さん、先ほどの「ホームレス」「ハウスレス」という大変わかりやすいキーワードを挙げていただきましたが、その枠組みに気づかれたのはいつ頃だったのでしょうか。そしてまた、この「無縁社会」といわれる社会現象が起きた背景には、どういうきっかけがあるとお考えでしょうか。

奥田　私も全体的なことはわかりません。日本全体の地域社会の関係性といったものがどこで崩れてきたかというのは、他の先生方が詳しく説明してくださると思います。ただ、ホームレスと呼ばれる、いわゆる野宿者がどの時点で急増したかということで言いますと、これは非常に明らかです。１９９７年から98年にかけて路上生活者は急増しました。

たとえば、私の地元北九州に関して言えば、97年に市内ホームレス数が１４０人台だったのが、98年には２３０人台に跳ね上がる。それまではあくまで微増の傾向にあったたものが、97年から98年にかけて大きく変化します。実は、97年というのは、北海道拓殖銀行がつぶれたとか、山一証券がつぶれたとか、日本国内で金融危機があった年なんですね。一方でホームレスが急増した98年に自殺者が3万人を突破するということが起こります。以降、自殺者数は今日に至るまで3万人を突破したままです。無縁死3万人、自殺者も3万人。データ的にはかぶっている面もあると思いますが、少なくともこういった、偶然ですまされない一致が存在します。

人の心の問題と、社会や経済の問題というのは、やはり相当大きく絡んでいると私は見ております。日本には昔から「金の切れ目が縁の切れ目」という言葉がありますよね。実は、NHKの無縁社会シリーズの最終回は生放送だったのですが、さんざんパネリストの間で討論を行った挙句、スタジオにきていた一般の参加者の方が最後に「そんなこと言っても結局は金がなかったら友だちなんかできない。金くれ」という趣旨の発言をされ番組が終わった。暗澹たる思いになりました。

でも、その方が言ったような傾向は否定できない。特にその後、2000年代に入り、新自由主義の傾向がさらに進み、非正規雇用問題に追い打ちがかかるという現象が背後に当然あったと思います。また同時に、それが路上の人たちの問題でとどまっていたかというと、けっしてそうではない。たとえば、90年代ホームレスが急増していく背景のなかに、こんな出来事がありました。

それは「ハウスレス」「ホームレス」という枠組みについて私が考えるきっかけになった事件です。あるとき深夜1時〜2時頃にホームレスのおじさんを中学生が襲撃するという事件が頻発しました。いわゆるホームレス襲撃事件です。残念ながら今でもそのような事件は起こり続けています。当時、その襲撃されたホームレスのおじさんが、私に相談に来られました。最初におっしゃったのは、「命に関わる、止めてほしい」という当然のことでした。次におっしゃったのは、自分の孫のような年代の子どもたちからやられるのが辛いということでした。つまり、人間としてのプライドを傷つけられていたのです。でも最後にこうおっしゃったのが印象的でした。「夜中の2時とか3時にホームレスを襲いにきている中学生というのは、家があっても帰るところがないんじゃないか。親はいるけれども、誰からも心配されてないんじゃないか。帰るところのない奴の気持ち、誰からも心配されてない奴の気持ちは、俺はホームレスだからわかる」っておっしゃったんです。

92〜93年の出来事でした。この時、この国の「ホームレス化」が始まっていると感じました。当時中学生だった人たちが今、派遣切りに遭い、30代で路上生活に陥っている。そういう構造になっていますが、彼らはもしかすると中学生時代からすでにハウスレスではないが、ホームレス状態であったのかもしれません。そこに経済的困窮が乗っかった。経済的困窮と関係的困窮は同時的に起こってきたと言えます。

佐々木　ありがとうございます。では鎌田さん、この無縁社会というものをみんなが認識するようになったのはいつ頃なんでしょうか。

鎌田　いつからということを限定的に捉えれば、21世紀になってからかもしれません。ただ、私自身は先ほど言ったように、スパイラル史観という歴史的な見方をしています。中世に一度、無縁という言葉が広く流行し、その時代を表わす言葉になった。そして現代にそれがもう一度、今の時代状況を表わす言葉になったと考えているんです。

そのときに、奥田さんがおっしゃったように１９９８年が一つの節目であるし、元号の切り替わり時、つまり昭和から平成になった１９８９年前後、80年代の終わりから90年代、ここも大きな変化のきっかけだと思うわけです。

98年に特定して考えてみると、ドイツの神秘学者で※ルドルフ・シュタイナーという、日本ではシュタイナー教育で有名な人物がいます。そのシュタイナーが１９２０年代に、ある予言を残して亡くなりました。これは、666の倍数の年には非常に世の中が乱れるという予言でした。そもそも666というのは『ヨハネの黙示録』に出てくる悪魔、獣の数です。シュタイナーの予言は一種の終末論とも末法史観ともいえますが、666年といえば、日本では大化の改新の後にあたります。律令体制が構築されていった時代。その次の2倍数は1332年ですが、これは南北朝にわかれて体制が分裂した時代です。そして、3倍数となるのが1998年。

私はシュタイナーの予言を信じたわけではないのですが、ちょうど同じ時期、ノストラダムスの大予言、たとえば1999年9月9日に世の崩壊と災いが起こるというような憶測が、社会思想的に大きな話題となりましたね。20世紀の終わり、1998年、1999年、2000年、この切り替わり時というのは、やっぱりなんらかの大きな転換点だ思っていたわけです。そういう中で、98年というのは、私は一つの節目の年だったと前から思っておりますし、今もいろんな角度からそう考えております。自殺者数が3万人を超えたのも、この1998年からでした。

時代状況の変化を端的に象徴するアニメーションがあります。1988年に『となりのトトロ』という宮崎駿作品が出ます。そして2001年、21世紀になってから、同じく宮崎駿さんが『千と千尋の神隠し』という作品を発表します。このなかではっきりと、先ほど言った地縁崩壊が表現されています。最初は両方とも引っ越しの場面から始まります。『となりのトトロ』では、農村共同体の非常に牧歌的な郊外に引っ越して、そこには鎮守の森があり里山が生き生きとして人々の暮らしも絆が強く相互に助け合って生きている、日本の古き良き社会が表現されています。そこでの鎮守の森は人々の心の拠りどころであり、トトロが住む森です。

ところが、『千と千尋の神隠し』が世に出た２００１年当時には、そのトトロの森はもう壊されて新興住宅地になっています。トトロはいなくなって、腐れ神と呼ばれるどろどろの姿になって、神様も疲れ果てて癒しを求めて銭湯にやってくる。『千と千尋の神隠し』も『トトロ』と同じ引っ越しの場面から始まるんですが、その途中で、神様の捨てられた小さい祠を目撃するというシーンがあります。

つまり、神様の家・祠が捨てられてある時代状況、それが今である。そういう「平成」という時代状況のなかに私たちがいるということを、あの映像のトップシーン５分ぐら

※ルドルフ・シュタイナー（１８６１〜１９２５年）…オーストリア帝国出身の神秘思想家。アントロポゾフィー（人智学）の創始者。

いの間に実に見事に表現している。戦後五、六〇年の変化が両方の作品を比べてみると非常によくわかります。セリフはほとんどない状態のなかで、時代の変化を鮮やかに切り取っている。

そういう変化点をどこに設けるべきかという議論はあるとしても、生活形態や体制が大きく変化しているということ自体を、われわれが自覚し、表現しているということは、今の人気アニメーションから見ても明らかです。

佐々木　私自身、『となりのトトロ』も『千と千尋の神隠し』も両方とも大好きですが、まったくそういうことに気がつかないで、子どもたちといっしょにただ楽しんで見ていました。ぜひもう1回見直してみたいと思います。島薗さん、どうですか。今のお話も含めて。

島薗　私、日本から初めて外国へ出たのが１９８４年なんですね。1年ほどアメリカのサンフランシスコの近くに行っておりました。その頃、アメリカはもうホームレス問題で大騒ぎで、ロサンゼルスでホームレスの人が建物を占拠したりしていました。「ええ、こんなことがあるのか」と思いましたよ。日本にはまだ全然そういうことがなかった時代だったと思うんです。ワシントンだったかニューヨークだったか、地下鉄から暖かい空気が出ているところで暖をとっている人がいたのを見て、本当にこれは大変だと思ったのを覚えています。日本は少なくともその後ですよね。

それで、ちょっと鎌田さんの話とつながるんですが、「無縁」ということは、一条さんがおっしゃるように矛盾してるとも言える一方で、日本には古くからある言葉でもあり、それはただ悪いことだけではないんですね。無縁というのは、逆に言えば自由であり、ありとあらゆる囚われを克服する場の可能性をもっている。ですから、たとえば芭蕉のような詩人にとっては、最期は野垂れ死にすることが理想だったりしますよね。種田山頭火なんて、本当に大酒飲みで、実際に野垂れ死にするという。それはインドの理想でもあります。人生の最期を遊行期《ゆぎょうき》と呼び、その前に林住期《りんじゅう》というのがあって、隠居して、その後は旅に出て死ぬわけです。

ある意味で、孤独死というものも、アジアの宗教の基準から言えば、必ずしも全部バツだということでもないかもしれない。このことは、納棺師の仕事をテーマにして話題になった映画『おくりびと』にも表われていると思います。まさに今日のテーマと深く関わる作品といえますが、この映画のなかの主人公のお父さんは野垂れ死にするんですね。物語の後半、小さな鞄一つもったきりの状態で漁村で見つかる。主人公は死に目に会えなかったわけです。会えなかったけれども、亡くなったお父さんの掌のなかから思い出の石ころが出てきて、まさに絆の印が出てきたという。そういう場面がありました。

ですから、無縁というのは、ただ単にマイナスの状態として考えないほうがいいのではないかと私も考えているんです。これは鎌田さんの十八番ですので、後から言ってもらったらいかがかと思います。

もう一つ、じゃあ、80年代から『おくりびと』のような世界に変わるところで、どこが今、思いだすべき大事な時点かというと、やはり1995年ではないかと思います。阪神・淡路大震災とオウム真理教の事件は共に95年の出来事でした。先ほどの奥田さんの話とも照らし合わせて、あれは大きな転換点だったなと感じます。当時オウムに入った人は、ほとんどホームレスになるということを自らやろうとしたようなところがありますよね。それから阪神・淡路大震災は、私の聞いたところによると、若くて比較的恵まれた住居に入っていた人はあまり被害に遭わなかったという事実がある。年配の孤立しがちな人が大きな被害を受けたし、その後の仮設住宅でも、多くの方がそういう「無縁社会」の被害を背負ったのではないかという気がしております。

そして、今回の東日本大震災では、宗教界の方々は阪神のときと比べると支援活動を

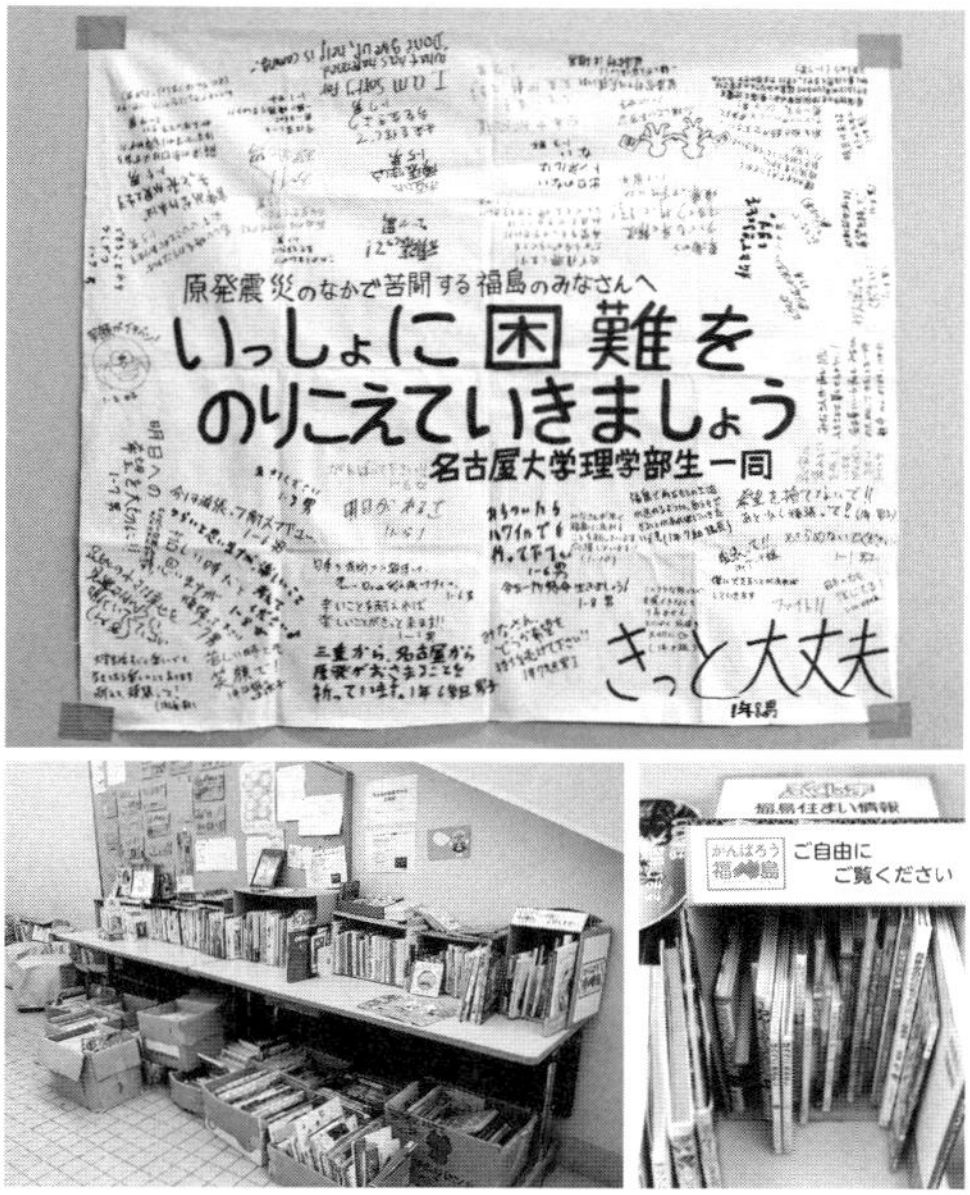

福島県福島市のパルセいいざか

かなり有効にやってるように私は思います。また、人々の宗教に対する期待も大きくなっていると思うのですが、そういうことが育ってきているのは阪神の経験が大きいと思うんですね。阪神で始めたことが、今実っているというか。そういう意味では95年は大きな転換点だったんじゃないかなと感じます。

佐々木　ありがとうございます。山田さんは先ほど、「結婚をしない」という30代を含むそれ以下の若い年代の人たちは、25％が未婚になる、というふうにおっしゃったと思いますが、こういった「結婚をしない」人たちが増えてきたのはいつ頃からなんでしょうか。あるいは、その背景というか。

山田　やはりお金の問題と意識の問題というのがあって、それがちょっとずれているような気がしますね。

佐々木　ずれているというと？

山田　たとえばフリーターという存在。最初は、いわゆる非正規雇用が日本経済にとって必要になったからそういう存在が出てきたんです。ただ、今と違って、意識のうえでは「会社に所属せず自由にやっていこう」というような風潮が１９９０年代はあった。ところが２０００年代に入ると、「いや、そうじゃない、正社員になりたくてもなれないんだ」というフリーターが増えてきた。実態は変わらないんですが、意識がちょっと時間的にずれて変わってきたというのがありますね。

結婚に関しても、１９９０年、バブル期ぐらいまでは「あえて結婚しない」とか、パラサイト・シングルのように、親と同居しているほうが楽だから結婚しないでいる、という感覚が強かった。要するに「意識して独身でいる」という人がまだ１９９０年代には多かったんですが、２０００年に入ってからは完全に逆転してきましたね。つまり、結婚して人並みの生活に足るお金を稼げないから結婚できない男性。女性だったら、収入が安定している男性が見つからないから結婚できないというふうに意識がだんだん変わってくる。

だから経済的な問題はやっぱり大きく関わってくる。こうした意識のずれは１９９０年代半ばぐらいからたいへん顕著になってきた問題で、自殺だけではなくて児童虐待とか離婚とか、そういうさまざまな家族問題も90年代後半に増大して注目されるようになってきます。でも、意識の面はそれから10年ぐらい遅れて変わってきたんじゃないかと思っていますね。

佐々木　初めてそういった傾向が出たときには、就職難とか、給料が上がらないといった社会的問題が先にあったからということですか。つまり1998年前後からの……。

山田　アジア金融危機が大きかったですね。97年と98年でほんとに意識が変わってしまったんです。97年までは、大学を出れば大企業に就職できて一生安定した仕事に就くことができるとみんなが思っていたのに、それが98年の就職難でひっくり返った。加えて、「いや就職したって銀行さえもがつぶれる、安心じゃないな」という意味で、すごくショックが大きかった年だと思いますね。

佐々木　そうすると、自分の意志で結婚をしないとか、さまざまな人生を選んでいたつもりだった人の意識までも含めて、98年以降変わってきたということでしょうか。ざっくり言うと、「選んでいる」というよりは、「こんなになってしまっている」というような、ある種の被害者に近いというか。

山田　結婚したくてもできない、正社員として就職したくても正社員になれない。日本って正社員になる人とならない人の格差がすごく大きいし、やっぱり結婚している人としていない人の格差がすごく大きいんですよね。欧米だったら同棲とか※パックスとか、そういう非制度的な結婚みたいな形もありますし、さらにルームシェアのように、独身でも複数の人といっしょに住むという形態が多い。それは高齢者についても言えますね。

日本の高齢者は家族でなければ一人暮らしが多いけれど、欧米ではある程度の年齢になったらグループホームで暮らすという人も多い。加えて欧米には、家族以外の人、正社員以外の人とのつながりというものも地域社会や趣味活動であるけれど、日本では正社員と非正社員の人、結婚している人と独身の人というふうに、別の境遇にいる人同士のつながりが切れちゃっている。そのあたりのギャップが大きい。

佐々木　両方のつながりがない。あるいは両方の生活パターンや価値観の広がりに大きな違いがあるということですか。

山田　そうですね。今、日本という社会が上手く機能していない原因はそこにあるのではと思っています。

佐々木　一条さんはこの無縁社会というものに対してどうお考えですか。先ほど、互助会が一つの影響を与えたのではないかとおっしゃった、そのあたりから教えていただければ。

※パックス（ＰＡＣＳ：連帯市民協約）…１９９９年にフランスで制定された協約。結婚よりも法的制約が少ないが、単なる事実婚と異なりパートナーとして税制上の優遇措置が受けられるため、近年急増している。

一条　まず、島薗先生からご指摘いただいた「無縁」という言葉に関して一言。私はその言葉時代に別に恨みはないです。網野善彦さんの『無縁・公界・楽』などは愛読書ですし、そこで展開された中世の無縁観などにはおおいに関心があります。ただ、私は「無縁社会」という日本語はおかしいと言っているだけですので、そのあたりに関しては誤解がないようにお願いいたします。

さて、互助会というのは戦後、昭和20年代に横須賀で誕生したものです。敗戦当時の日本は明日食べるお米もないような状況で、たとえば「うちの子どもの結婚式はどうしようか」とか「娘がいるんだけど晴れ着もない」、また「年老いた親がいるんだけど、この親が亡くなったらお葬式はどうしようか」とか、そういうところから相互扶助の理念で生まれてきたんですね。

互助会の存在は、戦後の日本社会にとって大きな意義がありました。戦後に互助会が成立したのは、人々がそれを求めたという時代的・社会的背景がありました。もし互助会が成立していなければ、今よりもさらに一層「血縁や地縁の希薄化」は深刻だったのかもしれません。つまり、敗戦から高度経済成長にかけての価値観の混乱や、都市部への人口移動、共同体の衰退等のなかで、なんとか人々を共同体として結びつけつつ、それを近代的事業として確立する必要から、冠婚葬祭互助会は誕生したのです。

安い掛け金で結婚式やお葬儀をみんながあげることができたら——当初はそういう、非常に高い志から生まれたものでした。それが半世紀を経て、次第に制度疲労をしてきた部分があるのではと私は思うんです。

おそらく、互助会は便利すぎたのではないでしょうか。結婚式にしろ、葬儀にしろ、昔はとても大変な事業だった。親族や町内の人がみんないっせいに集まるような、一大事のイベントだった。それが、互助会にさえ入っておけば、安いかけ金で後は何もしなくてもOK、結婚式も葬儀もあげられるという感覚を生み出してしまった。そのことが結果として、血縁や地縁の希薄化を招いた可能性はあると思います。

また、現代日本人のほとんどは葬儀をセレモニーホール、つまり葬祭会館で行います。この葬祭会館には小規模なものから大規模なものまであります。いわゆる「総合葬祭会館」と呼ばれるような大型施設は、各地の互助会が猛烈な勢いで建設してきました。全国でも最も高齢化が進行した北九州市をはじめ、各地に猛烈な勢いでセレモニーホールが建設され、今ではその数は全国で6000を超えています。このセレモニーホールの登場が、また日本人の葬儀およびコミュニティに重大な変化を与えたと多くの宗教学の研究者などが見ているようです。宗教学者の中沢新一氏も、そういった見方をする一人です。

２００８年に映画「おくりびと」が公開されたとき、コピーライターの糸井重里氏が主宰する「ほぼ日刊イトイ新聞」において、「死を想う」という座談会が連載されました。中沢新一、本木雅弘、糸井重里の三氏による興味深い座談会でした。そこで、中沢氏は以下のような注目すべき発言をしているのです。

「だいたい、日本のお葬式というのは２０年くらい前から、変わりはじめたんですよ」

「まずはね、葬儀屋さん業界がみずから、ドラスティックな変革をはじめたんです」

「というのも、日本人は長いあいだ、人の死にまつわる『けがれ』というものをお坊さんに任せっきりにしてきた。お坊さんに『丸投げ』にして、思考停止しちゃってたんです」

「むかしのお坊さんは、自分たちが『おくりびと』であるという意識をつよくもっていたんですよね。その『けがれ』を引き受けるという役目をしっかりつとめてきたんですけど、時代がくだるにつれて、それも、じょじょに風化してきてしまった」

この中沢発言は重要な指摘ですし、おそらくは正しいのでしょう。冠婚葬祭互助会が

上：福島県いわき市泉玉露（いずみたまつゆ）仮設住宅
下：宮城県亘理郡亘理町の舘南（たてなみ）仮設住宅

日本人の血縁や地縁を希薄化させ、セレモニーホールが仏教者から「こちら側」へ葬儀の主導権を奪ってしまった。もし、そうだとしたら、全国にセレモニーホールを展開してきた互助会業界には大きな責任があります。

もしそうだとしたら、互助会は無縁社会をもう一度、有縁社会を再生する責任もあるのではないかと感じています。

一方、逆の味方もできます。互助会は日本社会が無縁化していくのを必死で食い止めてきたのだとも考えられるのです。互助会がなければ日本人はもっと早い時期から、「葬式は、要らない」などと言い出した可能性はおおいにあります。ある意味で、互助会は日本社会の無縁化を必死で食い止めてきたのかもしれません。しかし、それが半世紀以上を経て制度疲労を迎えた。制度疲労を迎えたのなら、ここで新しい制度を再創造しなければなりません。すなわち、今までのような冠婚葬祭の役務提供に加えて、互助会は社会的意義のある新たな価値を創るべきであると考えます。

東日本大震災以後、多くの日本人が「支え合い」「助け合い」の精神に目覚めた今こそ、相互扶助の社会的装置である互助会のイノベーションを図る必要があります。私は、有縁社会、そして互助社会を呼び込むことが、互助会の使命であると考えます。「孤独死防止ディスカッション」あるいは婚活イベント「ベストパートナーに会いたい」などの最近の全互協の一連の取り組みは、まさに無縁社会を乗り越える試みでしょう。

いずれにしろ、互助会が無縁社会というものに対して風穴をあける力をもっていると私は思うのです。というのも、結婚式とか葬儀というのは、やはり「縁」を確認する場だと思うんですね。人間関係を確認する場だと強く感じる。同時に、安心して、安価で結婚式やお葬儀をあげられるシステムがあるということは、社会的なインフラが整っているということではないでしょうか。つまり、いつでも安心してお葬儀もあげられる、結婚式もあげられる装置が備わっているということです。そういった意味で、互助会というのは、江戸時代より昔から続いてきた※結《ゆい》と※講《こう》という、相互扶助の伝統的なシステムを祖先としている。日本人に一番ふさわしい、日本人の心に合ったシステムではないかと私は思います。

※結《ゆい》…田植え、屋根葺きなど、一時的に大きな労力を要する際に行う協同労働の形態のこと。日本の富山県の五箇山から岐阜県の白川郷の合掌集落では、現在でも茅葺屋根の葺き替えに結の制度が残っている。
※講《こう》…本来は同一の信仰をもつ人々による結社を指す言葉だったが、時代が進むにつれて「頼母子講」「無尽講」など相互扶助団体の名称に転用されるようになった。

現代は親族——すなわち血縁を失った方も少なからず増えてきました。しかし、血縁がない方でも地縁はあると思うんです。親族はいなくても、隣人はいるはず。そこで私たちは「隣人祭り」と称するイベントをたくさん開催しております。

「隣人祭り」とは、地域の隣人たちが食べ物や飲み物をもち寄って集い、食事をしながら語り合うことです。都会に暮らす隣人たちが年に数回、顔を合わせます。「隣人祭り」は隣人と、ほんの少し歩み寄る機会をつくることです。同じアパートやマンションをはじめ、同じ地域の隣人たちなど、ふだんあまり接点のない地域の人たちが、気軽に交流できる場をつくり、知り合うきっかけをつくりたいときに有効です。また、自治会や地元の行事、集合住宅の会合などに、今まで参加しなかった人を集めたいときや、サークル活動やボランティア活動に、同じ地域に暮らす隣人に参加してほしいときなど、高齢者や子どもたち、単身者など含め交流の場をつくるのに有効です。

「隣人祭り」は、今やヨーロッパを中心に世界30カ国以上、1000万人もの人々が参加するそうです。その発祥の地はフランスで、パリ17区の助役・アタナーズ・ペリファン氏が提唱者です。きっかけは、パリのアパートで一人暮らしの女性が孤独死し、1カ月後に発見されたことでした。ペリファン氏が駆けつけると、部屋には死後1カ月の臭気が満ち、老女の変わり果てた姿がありました。

同じ階に住む住民に話を聞くと、「一度も姿を見かけたことがなかった」と答えました。大きなショックを受けたペリファン氏は、「もう少し住民の間に触れ合いがあれば、悲劇は起こらなかったのではないか」と考えました。そして、NPO活動を通じて1999年に「隣人祭り」を人々に呼びかけたのです。第1回目の「隣人祭り」は、悲劇の起こったアパートに住む青年が中庭でパーティーを開催しました。多くの住民が参加し、語り合いました。そのとき初めて知り合い自己紹介をした男女が、その後、結婚するという素敵なエピソードも生まれています。

最初の年は約1万人がフランス各地の「隣人祭り」に参加しましたが、2003年にはヨーロッパ全域に広がり、2008年には約800万人が参加するまでに発展し、同年5月にはついに日本にも上陸しました。新宿御苑で4日間開催され、200人以上が集まったそうです。

「隣人祭り」は、なぜ成功したのでしょうか。「日本経済新聞」2008年8月30日夕刊にフランスでの成功のステップが四つにまとめられているので、ご紹介したいと思います。

1、人と出会い、知り合う。親しくなる。

2、近隣同士、ちょっとした助け合いをする（パンやバターの貸し借りなど）

3、相互扶助の関係をつくる（子どもが急に病気になったが仕事で休めないとき、預かってもらう環境をつくるなど）

4、より長期的な視野で相互扶助をする。（複数の住民で協力し、近所のホームレスや病人の面倒をみたりするなど）

これを見ると、「隣人祭り」のキーワードは「助け合い」や「相互扶助」のようです。それなら、多くの人は日本に存在する某組織のことを思い浮かべるのではないでしょうか。そう、互助会です。正しくは、冠婚葬祭互助会といいます。「互助」とは「相互扶助」を略したものなのです。わたしはフランスで起こった「隣人祭り」と日本の互助会の精神は非常に似ていると思いました。わが社も互助会ですから、本社のある北九州市を中心に、２０１１年は年間で５００回以上の「隣人祭り」の開催をサポートさせていただきました。

鎌田　今の一条さんの話に関連して、ちょっとひとこと、言わせてください。

互助会というものの功罪が両面あるという問題についてですが、実は僕も同じような

隣人祭り

ことを感じています。

まずは功罪の「罪」の部分について。これは日本社会全体の大きい動きのなかでも表われてきている。すなわち戦後社会全体、敗戦・終戦後という時代のありかたそのものの問題性だったと思うのですが、やっぱり、一番大きな転換点は戦後すぐの農地解放と農地改革、そして続いて特に減反政策にあったのではないかと考えています。つまり、農民が米を作らなくても生きていける、お金をもらえる、また農地を自由に転売できるという構造ができ上がったことが、日本の大きな※モラルハザードの一つであり、※エートスを変えていくきっかけになったと思ってるんですね。

その背景をなすのが昭和30年代なんですが、『となりのトトロ』はだいたいその30年代の日本を描いていて、まだコミュニティが残っている時代です。その時代のなかで、生活合理化運動が起こってくる。土地改良の問題など、いろんなことが絡む中で合理化が進行します。すなわち、従来の過剰に儀礼的なものを排して、生活を合理化していく。こうした効率化・便利化という方向性が、有用性・汎用性を志向する傾向を生み、互助会もその1拠点になったと思うんですね。

それは、ある意味で良い面、楽な面も当然ありました。しかし同時に、たとえばお寺などを中心にした葬儀のような、その共同体のなかの、わりとどろどろとした霊的なものや信仰の核みたいなものも変質してしまった。そういう両面性はやはりあって、宗教という立場から見ると、信仰の希薄化という事実は否めません。習俗や民間信仰はどんどん弱まってきているというか、確実に変質してしまっている。それはトトロがいなくなった、腐れ神化したという感覚にもつながってくると思います。

島薗　一条さんと鎌田さんのお話がおもしろいので、私もひとこと言わせてもらいたいのですが、「※もやいの会」というものがありますよね。あれは、独身ないし単身者の女性を中心に共同で死の準備をする組織で、生前契約という観点も入っている。また近年では、※自然葬のための会というものもある。たとえば「葬送の自由をすすめる会」というのがそれに相当します。それから、さらに変わったところでは「※リレー・フォー・

※モラルハザード…倫理観や道徳的節度がなくなり、社会的な責任を果たさないこと。
※エートス（エイトス）…アリストテレス倫理学で、人間が行為の反復によって獲得する持続的な性格・習性のこと。転じて、ある社会集団・民族を支配する倫理的な心的態度を指す。
※もやいの会…現在所有する墓がない人や、自分の死後の面倒を見てくれる親族等をもたない人々が、共同墓地を互いに守って供養を続けていく趣旨で発足した組織。自分一代限りで血縁者がいなくなる人、経済的に墓所を購入できない人たちのために共同で墓所を建設する。

ライフ」という活動があるんです。私もちょっとびっくりしたんですけど、これはがんになった人やその関係者同士が集まっていっしょに歩いていくというもの。24時間ウォーキングリレーを続け亡くなった仲間を追悼する会なんです。大分の医療関係者の方の話では、年に一度のイベントに3千人ぐらい集まると言っていました。

「死」ということを考えてお互いに連帯する——そういった気持ちは現代においてもみんなあるんですよね。ただし、昔はそれが近隣の互助会であり、講であり、結だった。それが違う形になって表われているんです。だから、そういうものを互助会運動と上手くつなげていく、そういうニーズや可能性は当然あるんじゃないだろうかと思います。

山田　互助会というのは、まさに核家族の時代の産物ですよね。現代の冠婚葬祭においては、家族の中だけでお金を用意しなきゃいけない。共同体時代はお金があろうがなかろうが、冠婚葬祭は共同体が行っていた。ところが戦後に入り、「家族」が単位になった時代に、家族の中だけでお金を積み立てて、家族で葬式が出せるようにするというシステムができたんだと思います。戦後はとにかく移動が多いですからね。同じ村のなか

で結婚して、そのまま一生を送るという人が、戦後はだんだん少なくなってきて、何年後かには引っ越しているという人が多くなってしまった。

だから今の70～80歳代のように、家族形成が順調で、ほとんどの人が結婚して離婚せずに子供をもっているという時代には、まさに適合的な制度だったんだなあと社会学的に思える。それが未婚率25％、離婚率36％の時代になると、今度は一人きりでなんとかしなければいけなくなってくる。そういうときに、島薗先生の言われたような新しい会が出てきたわけです。そういう時代に一人ぼっちになっている人をどう取り込むか――互助会の方々にぜひ考えていただきたいと思っております。一人でもお金があるという人もいますね。一人でお金もないと、ホームレスや孤独死するリスクが高くなりますが。

佐々木　そうですよね。冠婚葬祭だけではなく、まったく違う市場の様子や消費の様子

※自然葬…墓ではなく、海や山などに遺体や遺灰を還すことにより、自然の大きな循環のなかに回帰していこうとする葬送の方法。日本では「墓地、埋葬等に関する法律」において「埋葬または焼骨の埋蔵は、墓地以外の区域にこれを行ってはならない」と規定されていたことと、刑法の「遺骨遺棄罪」の規定から、戦後しばらくの間、散骨は一般的には違法行為と受け止められていた。

※リレー・フォー・ライフ…がん患者とその家族、有志が集まり、リレー方式で24時間歩きながら寄付を募るイベント。２００６年に初めて開催された。

を見ても同様のことが言えると思います。たとえば私が子どもの頃は、お正月は全部のお店が閉まっちゃうからと、年末になると母親といっしょにスーパーに繰り出しておせち料理の準備をしていました。当時は好きも嫌いも関係なく、とりあえずおせちの準備をしておかないとお正月って暮らせないものなんだと思っていたけれども、今ではおせち料理を作る、作らないという議論から始まる。作る理由がそもそもないんですね。2日目からレストランやスーパーも開いているし、コンビニなんて365日24時間ずっと開いている。「そもそもおせち料理ってなんのために作ってたんだっけ?」という根本的な疑問を解消できないまま、この儀式をしなくなるということも出てきている。

その一方で、今もおせち料理が「売られている」という現状がある。やっぱりなんとなくけじめとして、これは食卓に並べ、食べておきたいんだという人たちにとっては、その気があれば簡単に買ってこられるという状況がそこにある。これがもしなくなれば、おせち料理を作らないどころか、見たこともないし聞いたこともないという家庭が増えてくるんだろうなと思うんです。冠婚葬祭の話とは脱線してしまいますが、今お話をされていることというのは、さまざまな消費や市場や生活、ライフスタイルの変化というところに表われていて、これがプラスなのかマイナスなのかという判定は非常にむずかしい。その時代の流れや家族のありかたが変化していく中で、みんな考えながら進んでいくということなんだろうなと思うんです。

これまで出てきた「無縁」という言葉のほかにもう一つ、NHKの特集なんかでも頻繁に出てくる言葉のなかに、「孤独死」というものがあります。震災後の一人ひとりの生活を見ていても、せっかく住むところが与えられたのに、そこで孤独死していた、というようなニュースが多々ありました。この「孤独死」という言葉の定義もむずかしく、いろいろと調べてみると、昨年12月28日の「東京新聞」のなかに、都市再生機構が「1週間を超えて発見されなかった事故として亡くなった方を孤独死という」という認定を行ったことが示されている。こういう方々が3万2千人もいらっしゃるということですよね。自殺者の数が年間3万人を超えるということに関しては大きなニュースになっていますが、孤独死の数字に関しては、これまであまり大きなニュースになっていなかったように思えるんです。

冒頭で、奥田さんのほうから「自分の最期を誰が看取ってくれるのか」が気になり始める人たちがいるというお話が出ました。この孤独死というものを防ぐ方法はあるんでしょうか。あるいは孤独死を含め、この「無縁」という状態に関して、何か特徴というか地域差のようなものを指摘することは可能なんでしょうか。都会に多いのか、それとも高齢者が多くなっている地方都市に多いのか。あるいは震災などを含め、なんらかの災害があったエリアには増えてしまうというような傾向はあるのか。そして性差の問題ですね。これに関しては、男性に多いという傾向を耳にしたことがあるんですけど、そういう性別や年齢の間にも何か特徴があるのか。このあたりの傾向なども含めて、どなたか発言していただける方、いらっしゃいますか。順番に指していくとおもしろくないディスカッションになりそうなので、できればアットランダムに発言していただきたいのですが。

一条　私は九州に住んでいるのですが、九州という土地はまだ地縁・血縁が残っているのではないかと思っているんです。わが社の営業エリアに、大分県国東市《くにさきし》という街があります。この街には独り暮らしのお年寄りが多いのですが、黄色い旗を毎朝、玄関先に掲げて近隣の家庭に安否を知らせる「黄色い旗運動」が広がっています。

もともとは、高齢者の孤独死を防ぐことが狙いでした。しかし、寂しくなった高齢者が人に会いたくて旗を出さなかった例もあったそうです。小学生が通学途中に旗を確認する仕組みも設けており、地域住民全体で声かけを通した会話が増えているそうです。

この運動を機に住民相互のふれあいが増えているわけで、地域力の向上にも一役買っているのですね。

かのＡＣ（公益法人ＡＣジャパン）の２０１１年度地域キャンペーンＣＭにも「黄色い旗運動」が取り上げられています。このＣＭでは、「気にしあって、声かけあって、つながりあって」というキャッチコピーが使われていますが、まさに「隣人の時代」の到来を感じます。

わたしは、『隣人の時代』（三五館）の「あとがき」に、「黄色い旗運動」ならぬ「黄色いハンカチ運動」のことを書きました。やはり、わが社が冠婚葬祭事業を展開している宮崎県延岡市では、独居老人は毎朝、自宅の玄関先に黄色いハンカチを掲げます。それを地域の人々が見て、安否確認をするのです。ハンカチが掲げてあれば、「今日も元気だな」と安心します。掲げていなければ、「何かあったのでは？」と思って、すぐに駆けつけるのです。映画「幸せの黄色いハンカチ」から着想を得たそうですが、素晴らしいアイデアです。そう、「黄色い旗運動」は、「黄色いハンカチ運動」がルーツだったわけです。

私は、高齢者の安否確認は、地域住民の役割だと思います。日本では「無縁社会」という言葉が流行しました。ぜひ、新しい「有縁社会」を創造する必要があります。

人間には、家族や親族の「血縁」をはじめ、地域の縁である「地縁」、学校や同窓生の縁である「学縁」、職場の縁である「職縁」、趣味の縁である「好縁」、信仰やボランティアなどの縁である「道縁」といったさまざまな縁があります。

そのなかでも、「地縁」こそは究極の縁ではないでしょうか。なぜなら、ある人の血縁が絶えてしまうことは多々あります。かつての東京大空襲の直後なども、天涯孤独となった人々がたくさんいたそうです。また、「学縁」「職縁」「好縁」「道縁」がない人というのも、じゅうぶん想定できます。

しかし、「地縁」がまったくない人というのは基本的に存在しません。なぜなら、人間は生きている限り、地上のどこかに住まなければいけないからです。地上に住んでいない人というのは、いわゆる「幽霊」だからです。そして、どこかに住んでいれば、必ず隣人というものは存在するからです。それこそ、「地球最後の人類」にでもならない限りは……。

すべての人間には、「つながりあう」「支え合う」「助け合う」という本能があります。人とつながり、支え合い、助け合うから、人間なのではないでしょうか。延岡市にしろ、国東市にしろ、わが社の営業エリアです。九州で地縁再生の取り組みが進んでいるのは素晴らしいことだと思います。九州を地盤とするわが社では、「隣人祭り」などによって、さらなる地縁再生のお手伝いをしたいと考えています。

それから私なりに考えたことなんですが、孤独死がここまで増えてきたのは、行政の問題ももちろん大きいとは思いますが、そのなかでも「民生委員制度」が機能しなくなったのも理由ではないでしょうか。みなさんも御存知かと思いますが、高齢単身者がどのような生活状況、あるいは健康状況にあるかを監視するのが、地域の民生委員の役割です。この民生委員制度がうまく機能していないのです。

民生委員制度の発端は大正7年（1918年）の大阪府における方面委員制度に始まるそうです。重要なことは、方面委員は無報酬の名誉職だったことです。天皇の御聖慮による名誉職だったので、誰も不満は言いませんでした。しかし戦後になって、昭和21年（1946年）に民生委員制度として再発足したときにも無報酬が引き継がれてしまったのです。名誉職的な色彩が薄くなったことにより、高度氏長期の民生委員は自営業者が減少し、引退者や主婦が増加したそうです。でも、今や民生委員を引き受ける人はどんどん減る一方です。

元日本経済学会会長の橘木俊詔氏は、著書『無縁社会の正体』（ＰＨＰ研究所）で「民生委員の仕事に対して俸給を支払うことを考えてよい」と提案されていますが、私も大賛成です。さらに、私は質の良い民生委員の数を一気に増やし、孤独死を激減させるアイデアをもっています。

私は、行政が困っているときは民間に委託すればいいと思っているんです。これは郵便局の事業の一部をヤマト運輸などの宅配便業者が行ったり、警察の仕事の一部をセコムなどの警備業者がやるのと同じようなこと。つまり、行政サービスの民間委託ということですね。それで、民生委員が少なくて困っているのなら、互助会業界に任せてくれたらどうかなと思っているんです。

互助会には、営業員さんがたくさんいるわけですよね。それならば、たとえばその営業員さんが独居老人のお宅の数を控えておいて、時々訪問する。行政からそういう委託を受け、互助会が老人宅を訪問して安否確認を行えば、これは相互扶助の機能を発揮すると共に、互助会そのもののイノベーションになるんじゃないかという気がしています。世のため人のためになって、互助会そのものもインベーションを図れるというわけです。

島薗　先ほどの「もやいの会」の話の続きなんですが、そういうのを「※セルフヘルプ」

って言うんですね。つまり問題をもった人たち同士が互いに助け合うと。たとえば、肝臓の病気になった患者さん同士が情報交換し助け合う。こういう活動が今、世界じゅうでどんどん広がっているんです。なかでも有名なのが「※アルコホリック・アノニマス」(AA)。これはアル中の人たちが集まって行っている活動。アル中の人たちというのは常に死に面していて、大変な孤独を抱えている。そういう人たちが集まって助け合うんです。メンバーは匿名で、とにかくアル中の人なら参加OK。上下関係もない。そこでは自由に話し合って、けっして批評はしないというルールが設けられている。

そういう活動がアル中の人から始まり、いろんなところへ広まりまして、※アダルト

※セルフヘルプ…ある特定の困難や問題、心の傷を抱えた当事者たちが、自らの現状を自らで修正、改善する意思をもって集い、活動を行うもの。たとえば、犯罪被害者の会、交通事故遺族の会、アルコール依存症患者の会、精神障害者の会などがこれに相当する。

※アルコホリック・アノニマス(AA)…飲酒問題を解決したいと願う相互援助の集まり。1935年にアメリカで始まり、全世界に広まった。

※アダルトチルドレン(AC)…親からの虐待、またはアルコール依存症の親がいる家庭、いわゆる機能不全家庭で育ち、その体験が成人になっても心理的外傷として残っている人を指す。日本では斎藤学の著作を通して認知されるようになった。

チルドレン（AC）の運動というものにも発展する。これが日本へ入ってきたのはまさに1995年なんですね。そのときに斎藤学《さとる》さんという、精神科のお医者さんがいくつか本を書いてるんですが、そこで「魂の家族」という表現をしている。つまり、本来の家族からはみ出ちゃった人が、魂の家族をつくるということなんです。それから彼は「問題縁」ということにも言及しています。要するに、同じ問題をもっていると、そこに「縁」ができるわけです。現代はそういう時代になっているんですね。

佐々木　たとえば、アメリカやヨーロッパでは、グループワークなどが小さいときから教育のなかにも取り入れられていて、「自分のことを分かち合う」という概念がかなり発達していますよね。あるいは、キリスト教などをベースに助け合う精神があって、自然発生的に、いろんな課題ごとに集まって支え合うというコミュニティができやすかったんだろうなと思うんですね。

　日本でも今、がんを患われた方々が集まるとか、アルコール中毒の方々が集まるとか、それこそDVをしてしまった人たちが立ち直るために集まるとか、いろいろな活動が出てきていますが、こうした動きは今後も増えていくと思われますか。……というのも、私自身は、日本文化のなかでは、自分の問題をこのように人に話したりすることができ

上：宮城県亘理高等学校体育館
下：宮城県気仙沼市のはまなす台住宅

ない人が逆に増えているんじゃないかと思うんです。その究極的な形が、孤独死や無縁社会というものにつながっているんじゃないかなとも思うんです。

島薗　さっき、リレー・フォー・ライフというグループの話をさせていただきました。彼らはそこに入り、生きがいを感じながら元気にやっていらっしゃる。ところが、佐々木さんがおっしゃるように、そうなれない人が無縁社会の一番辛いところにいるということですよね。たとえば団地では、60歳ぐらいの人が80歳ぐらいの方の黄色いハンカチやら旗が出るようなお宅を見て回るという、そういう運動があちこちで起こっている。これには理由がある。つまり60歳代の人は、やがて自分も80歳代の人と同じようになるわけだから、ある意味で問題を共有してるわけです。けれど、何もないところにつながりをつくるのはなかなかむずかしい。シェアをするにも、まったく境遇が違ってしまえば、シェアのきっかけがないんですよね。

だからこそ、共有できる問題を手がかりにして絆をつくっていく。いろんな絆のつくり方が、今後、この日本でも展開する可能性があるんじゃないかなと思いますね。

佐々木　たとえば今、町内会とかそういう慣例的なつながりが希薄化している。回覧板を回すとか、そういうものがなくなっているというお話を聞きました。私が住んでいるところには町内会もあり、町のお祭りもあり、さらに私自身も今、町内会の役員をしているので、周りのブロックのインターフォンを全部、ピンポンピンポンと押していくことも当たり前なんです。「すみません、何百円ください」とか「お宅の皆さん元気ですか」とか。「75歳以上の方はいらっしゃいますか」とか「いつお病気になったんですか」なんてずいぶんいろんなお話を聞かせていただいてます。実際、私自身も勉強にもなるし、なによりそういう関係っていいなあと思う。回覧板も好きで、回ってくるとじっくり読んで回したりしているんです。

でも一方で、そのブロックのなかにアパートがあると、「アパートは回覧板を回さなくていいです」というように、最初から飛ばすことが慣例化している。それからわが社の若いスタッフに聞くと、回覧板なんて何年も回ってきたことがないという。「なんで佐々木さんところはそんなの回ってくるんですか。今時そんなものあるんですか?」なんていう方もいらっしゃる。

これはちょっと突飛な話かもしれませんけど、私は「ニュースステーション」という番組でレポーターをしていたときに、いくつか社会主義国を訪れたことがあるんです。そこでは良くも悪くも、お互いに地域をきちっと見張っている、見守っているという感覚がある。たとえばキューバの話なんですけど、みんなで明るくハッピーにお掃除したり、みんなで集まって悩みを語ったり、いろいろ集まる場所があったりということを地域ごとにやっていて、取材をしながら、「私がこの国に生まれたら、きっとこういう係を率先してやってるだろうな」なんてちょっと想像したりもしたんです。日本の、特に都会のなかでは、町内会といったものも少なくなっちゃっていて、これも一つの問題点なのかな、なんて思ったりもするのですが、どうですか。鎌田さん。

鎌田　先ほど島薗さんが「問題縁」と言われましたね。これは今後も一つのキーワードになっていくと思うんですね。

一条さんの父上の佐久間進会長がこんなことをおっしゃっている。たとえば、学校というものによって「学縁」があったり、職場の縁である「職縁」があったり、進行やボランティアの縁である「道縁」がある。あるいは趣味、○○が好きという人同士のつながり……すなわち「好縁」というものがあったり、いろんな縁のネットワークができる環境が存在する、と。

そこで、「問題縁」というのは、ある種ネガティブだけれども、ネガティブなものをもう一度、ポジティブな方向へ打開していく転換点にもなる。これは今後も非常に重要なセルフヘルプの動きになっていくと思うんですね。僕自身は、京都に住んでいるものですから、そこでは地縁がまだ生きていると感じます。もちろん町内会の回覧物も回ってきます。ある面では、「大変だな」とか、「うっとうしいな」と思うこともやっぱりあるわけですよ。そこのところのバランスというのは、これからの社会を考えていくうえでも非常に重要だと思う。だからこそ、問題縁とか好縁とか道縁などがもつ、それぞれの志向性や方向性に沿ったネットワークがさらに重要になってくると思っているんです。

それから、学縁という点ではＰＴＡの活動――保護者の活動も未だに重要な役割をもっています。幼稚園から小中学校や生涯教育まで、今だけに限らずこれからの未来においても必ず大きな役割を果たし得ると思っています。

それからもう一つ重要なのは、ＮＰＯ・ＮＧＯの動きです。阪神・淡路大震災があった年に、「ボランティア元年」という表現がなされました。そこで生まれたのはＮＧＯ・ＮＰＯ的な社会活動であり、新たな講とも結ともいうべき組織ではないかと思います。私たちも阪神・淡路大震災があった後、「神戸からの祈り」という催しを組織してボランティア活動をしまして、それをきっかけに「東京自由大学」というＮＰＯ法人をつくって今も神田で活動をしています。これなども、都会に住んでいるけれども、自分たちが道縁とか好縁とか学縁とか、新しい自由な塾のようなものをつくることによって、お互いを支え合い実践していこうという試みですよ。このＮＰＯ法人東京自由大学の創立に当たっては、互助的な意識は最初からありました。阪神・淡路大震災を経験しているからこそ、東京で何があっても対応できるような、つながりをもう１回再構築できるネットワークを作ろうと思っていたのです。

ですから、今回の東日本大震災のときには、まさしく私たち東京自由大学が取り組むべき状況が生まれた、真価が問われるととらえました。震災以来、奥田さんのところの活動も含めて、そういう組織がいろんなところで誕生し、活性化していると思います。こういった動きが、今後の日本においても非常に重要になるんじゃないでしょうか。

佐々木　このことについて奥田さんにうかがう前に、ちょっとお聞きしておきたいことがあるんです。現在、ＩＴのネットワークも含めて、問題をシェアするとかつながるといった動きが社会のなかに出てきている。あるいはボランティアも含め、以前よりも少し作為的な形ではあるかもしれないけれど、何かに関わろうという気持ちをもって探し求めさえすれば、さまざまな場所につながりがもてるような環境ができあがってきている。にもかかわらず……つまり、意図的につながりをもてる場所が過去に比べれば増えてきているのにもかかわらず、「無縁」とか「孤独死」という人たちが増えてしまう。

いわば「無縁」に陥る人というのは、そういう意図的なつながりを、意識のなかで見落としてしまっているんじゃないかと思うんです。彼らを救うためには、こちらから大きく手を差し伸べる必要がある。そういう人たちがいないか忘れずに確認する、あるいは無理矢理つなげるといったような、多少強引ともとれる仕組みをつくっていく必要があるのではないかと思うんです。奥田さん、そのあたりに関してはどんなふうにお考えになりますか。

奥田　私自身、セルフヘルプのグループ等に賭ける期待は非常に大きいのですが、その一方で、やはり困窮者というのは沈黙する、あるいは沈黙させられる存在だと考えています。日本の社会、特に行政組織の困窮者支援の窓口は、今でも申請主義です。当事者が自ら声をあげないと何もできない。何もつながらない。「困っているんだったら、なぜ相談にこな

いのか」と行政サイドは言うわけですが、本来は、相談に行けないからこそ「困窮者」なんです。

ですから、困窮者へと支援者側、もしくは行政側が足を向かわせるためのシステムは絶対に必要だと考えております。私は今、内閣府の「パーソナル・サポート・サービス専門委員会」のメンバーですが、これは「個別型伴走支援」とも呼ばれるものです。イギリスなどで行われていたことを参考にしているんですが、たぶん今後、日本の社会保障制度のなかの一つの大きな軸になって出てくると思います。

このパーソナル・サポート・サービスの特徴はコーディネートです。直接的に困窮要件の解決のための手立ても必要ですが、そもそも困窮者と社会との関係や縁をコーディネートしていく、もしくは縁をつないでいく、結んでいくための仕組みというものが同時に必要だと思っています。たとえば、困窮者はセルフヘルプのグループがあることすら知らないわけですから、まずはそこにつなぐ。「つなぐ」という用語は、実は日本の福祉の世界では何十年も昔から使われてきた表現です。日本社会においては、この部分を家族や地域、もしくは会社社会というものがこのコーディネートしてきたわけです。

ところで、日本の家族モデルは、縁を「つなぐ」だけじゃなくて「もどす」という側面ももち合わせていました。これが失われたわけです。ではこの家族的な縁を取り戻すことで解決できるかというとそうでもありません。たとえば日本は「身内の責任社会」でありました。「自己責任がとれないんだったら身内が責任とれ」という風潮がある。ここに「恥の文化」も重なって、「身内の恥はさらせない」といっさいを身内が背負い込む。この閉塞状態のなかで、身内は回復できないほど傷ついていく。日本はこれまで地縁・血縁・社縁のつながりで結ばれてきたけど、第四の縁を生むべき時代が来ているのではないかと私は思います。これまでの縁は、なんらか「理由がある縁」でした。ですからこれからは、これまたアンビバレンツな言い方で恐縮ですけど「無縁の縁」、全く無関係の赤の他人が出会い、支え合う、そんな縁をつなぐ必要があると思います。なんの関わりもないような赤の他人が、いかにして隣人となりえるか。

「隣人」というのは誰にでもなれる可能性というか、希望があります。理由はいりません。赤の他人が自分のために関わってくれる、これを仕組みにしたものを私たちは「社会」と呼んだわけです。そう考えると、社会というのは、やっぱり赤の他人の集合体と言えますね。

ただ、赤の他人同士が結ばれるためには、コーディネーターが必要。家族というモデルが非常に大事だったのは、つないだ後に「まずかったらもどす」という操作が入る点でした。これが非常に大事だった。たとえば、おじいちゃんを入院させた病院がどうもおかしい。そうすると家族がすぐに戻して、もっといい病院に連れていくわけです。

今政府の考えているパーソナル・サポートというサービスは、専門性はそんなに高くない。なぜかというと、たとえば子どもが病気になったときに、お父さんが「お前のことは俺が絶対治してやる。今から医学部へ行くから待っとけよ」とは言わないわけです。そうじゃなくて「良い医者を探すから待っとけ」となります。良い医者をコーディネートするのが、家族に求められる役割なんです。医学の専門知識を家族自体がもつ必要はない。「つなぎ戻し」という、縁のコーディネートが一番大事なんじゃないかと私は思っているんです。

今までの地縁・血縁・社縁は、理由のある縁です。セルフヘルプのグループも、一つの理由をもっているわけです。同じ病気だとか。それも必要ですが、さらにそれを超えていくような、創造的な縁―無縁の縁というものが必要だろうと私は考えている。

ＮＨＫが提示した「無縁社会」のイメージは、少々強調しすぎのきらいがありました。イメージでいえば、荒涼とした砂漠に人がポツンと立っているような情景です。でも実際はそんなことない。地域にはまだ縁がいくらか残っており、お寺さんがあったり、互助会があったり、さまざまな縁が残っている。

ポストモダンの時代というのは、全く新しい体系や思想が登場する時代ではなく、既存のものを、それがたとえ残滓のようなものであっても、順番を入れ替えたり、組み替えたりすることで新しいものをつくり出時代だと思います。たとえば、１・２・３と並んでいたものを、３・１・２と組み替える。今の日本の社会にはこういうコーディネーターがいないんですよ。既存の縁を組み替えるコーディネーターがいない。「税と社会保障の一体改革」が議論されていますが、そのなかで非常に大きな要素として考えなければならないのが、このコーディネーターとしてのパーソナル・サポーターの存在です。困窮者の抱える困窮要件の中身は、経済的困窮であると同時に孤立ということです。それに対する手立ては、困窮要件に対処することと同時に、その対処をいっしょになって進めていく横にいる人の存在が必要です。従来の「処遇の支援」と共に「存在の支援」ともいうべき支援の形を私たちは路上から模索してきました。

佐々木　それはどう進めていけばいいんでしょうね。結局、自分から手をあげない人たちを、まずは見つけるというところから始まりますよね。この人はいろんなサポートセンターがあることも知らない。あるいは隣に誰が住んでるのか興味もないと。その人を、たとえば既存の1・2・3じゃなくても、3・1・2のようなやりかたもあるよ、というように教えてあげながらつなげていく、ということでしょうか。

奥田　たとえば、古くて新しい仕組みといえば、まさにお寺さんがこれに相当すると思います。住職さんは毎月檀家を回っていらっしゃって、そこでさまざまな情報を得ておられる。檀家回りのなかで、その家自体の問題や課題、また近所の噂話なども含めてさまざまな情報に触れると思うんですよ。たとえば、先月まではいなかった小さな子どもがその家にいたとする。「どうした？」と訊いたら、実は嫁にいった娘が帰ってきたという話になる。そのときにお坊さんが、何等かの社会制度――たとえば母子支援の窓口や伴走型支援をしているNPOに「つなぐ」という仕組みをつくる。そうすると古くて新しいものができる。でも、お寺の本来の業務として、そういうコーディネート業務というような発想はなかったと思うんですね。

だから無縁社会というのは、「すべてなくなった」のではなくて「切れた」のだと認識したほうがいいと思うんです。無になったんじゃなくて切れたんだと。その結び直し方を、誰かがコーディネートするかという機能を社会が創る。すると今まであったものが新しい意味合いをもって再創造されるということになります。私は仲のいい浄土宗のお寺さんに「困窮者とのファーストコンタクト、つまり※インテークの部分を担いませんか」と言って働きかけています。問題自体の処理まではとてもできないかもしれません。しかし、それでいい。社会には問題解決のための資源がいっぱいあるわけです。もしくは、そのような社会資源と常につながりながら困窮者の課題と資源の結びつきをコーディネートする役割、パーソナル・サポーターがいるわけです。そこにつなぐ。そして、お坊さんはその方の縁者として、時々の励ませばいい。流行りの言い方では、メンター（助言者）的役割をするわけです。

鎌田　今、赤の他人の新しい縁結びが必要だということを、奥田さんが言われた。そこで、じゃあ赤の他人がどうやって縁結びをしていくかを考えたときに、一つは、最後におっしゃったお寺も含めて、宗教の役割が非常に大きいと思うんです。そもそも宗教が

※インテーク…相談にきた人から事情を聞く、最初のケースワークの段階のこと。

宗教たる由縁は、この世的なネットワークじゃない、別の原理がこの世界にはあるということにあります。超越的というか、神とか仏とか、ご先祖さまとかあの世との接点がある。だから、そもそも、赤の他人はそこには存在しないんですね。万物は兄弟姉妹であったり、他生の縁によって結ばれていて、すべてはつながりあっているという感覚です。こういう、博愛というか友愛というか、何か大きいつながりのなかにあるという、相互扶助的な考えは、多くの宗教にあると思うんですね。ですから僕は、宗教がもう1回、本来の思想性や意識を取り戻すことが非常に重要な意味合いをもつと思います。

またそのとき、お寺の役割と神社の役割が二つある。お寺のほうは、今言ったように、ヒューマンサイズな縁の結び方をしていく。あるいはソーシャルネットワークを生かしていく機関。

では神社はどういうところで生かすことができるかというと、一番重要なのは環境問題だと思うんですね。放射能汚染が物語るように、環境によって、あらゆるものは全部生命的につながっていると感じさせる存在としてとらえればいい。エコロジカルな構造のなかにわれわれは投げ込まれている。そういうエコロジカルでホリスティックな構造を、自然の神の働きとして感じ取ってきたのは神社、鎮守の森です。

だから鎮守の森ないし神社が自然界への再結び、縁結びをもう1回し直して、さらに、社会との結び役をお寺が担い、さまざまな縁結びの仕方をし直し、これまであった働きをきちんと生かすことができたら、それは一つの伝統インフラの再構築として整備されます。それから新宗教や精神世界のように、もっと自由な構想や活動形態も生まれてきているので、そういった宗教活動や役割を総合的に深め、活性化していけば、まだまだ希望や可能性はあると思いますよ。

島薗 現在、震災の支援活動のコーディネートを、いろんな宗教グループがそれぞれのやりかたで行っています。それを横に連絡できたらだいぶ様相が違ってくるんじゃないかという話になり、鎌田さんとも協力しながら、東京でいろんな宗教団体の方のお話を聞くというようなことをやっているんです。そこでわかったことは、お寺の若い副住職に当たるような人が相当熱心に動いているということ。その一つには、葬式中心のお寺から脱却しているという背景もあると思います。近い将来、檀家のなかで亡くなる方の数は減ってくる。そのときにどういうことが必要かということも視野に入っているんだと思います。副住職は時間もありますし、ボランティアをやるにはピッタリなんですね。

彼らはいろんな活動をなさっているんですが、たとえば仙台では、「心の相談室」というものが出てきています。一般的に、心のケアといえば、精神科医や臨床心理士ばかりイメージされがちです。でも、宗教家がそこにいないのはおかしいんじゃないかという意見が出てきた。私もそのとおりだと思いますね。ところが今までの行政は、宗教というだけで「宣伝されては困る」「布教されては困る」という考えに凝り固まっていた。ですからそれをコーディネートすることによって、宗派色・宗教色は出さない工夫を行っているんです。お説教するんじゃない、話を聞きに行って困っている方に教えてもらいながら何かできることをやるという。そういうタイプの支援を行っています。

ケアの仕事をするいろんなグループが協力体制の下に集まれば、もっと多様な成果を挙げられる。宗教も横に連携できるということがわかったし、お医者さんとも協力しなきゃいけません。もちろん心理関係の人とも協力する必要がある。おそらく葬儀関係の方とも、いろんな協力の場面が出てくるはずですよね。東日本大震災は、葬祭業の方が大変な活躍をされたと聞いています。ふだんからそれがなぜできないんでしょうか。もっといろんな形で、困窮者のケアをする職種が協力し合えば、お互いの信頼度が高まるし、パワーももっと発揮できるんじゃないかなと考えています。

佐々木　ありがとうございます。実は、そろそろ閉会の時間が迫っておりまして、皆様に最後のひとことをお願いしなくてはならないんですが、その前に山田さんにどうしてもお尋ねしておきたいことがあります。

私自身、若いときにはあまり考えなかったことですが、結婚したり、子供を産んだり、母が倒れて入院したり、老人ホームに入ったり、そして町内会の役員をやったりなんかしているうちに、「縁」というものの価値が変わってきたと強く自覚しています。やっぱり人生経験を積むにつれて、ご縁とか周りの方の大切さということを改めて認識するようになる。その反面、たとえば山田さんの周りにいらっしゃる学生たちに、「お前、縁を大切にしろよ」と言っても、正直ピンとこないんじゃないかと思っていて。「やっぱりお寺に行ってみろよ」なんて言われても、なかなか学生もピンと来ないんじゃないかなと思うんです。

でも先生のお話を聞いていると、今の学生のなかには「結婚できないんじゃないか」、あるいは「就職できないんじゃないか」という、被害者意識にも似た感じが見て取れる。先ほどのコメントのなかにも、自分を大切にしてくれる関係を求めているという表現がありました。つまり、ある意味では受け身で、自分自身を大切にしてくれる人に出会うといいなあと思ってはいるんだけど、「私が誰かを大切にしよう」という能動的な感覚はそこにない。
　だからこそ、若い人のこうした意識が変わったり、行動が変わることが、実は大きな社会変化をうながしていくんじゃないかなとも思うんです。このあたりについてちょっとコメントをいただけたらなと思います。
山田　彼らのなかにも男女差はあるみたいです。内閣府が一昨年、「無縁社会」の放映後に行った調査では、「結婚したい理由」として女性のうちの46％ぐらいが挙げたのが「老後一人でいるのは嫌だから」というもので、これが突出して多かった。「今寂しいから」というのは20数％だったんです。一方、女性に比べると、男性はあまり老後のことまで考えていないという傾向がある。そういう意味で男性のほうが無縁になりやすいですよね。女性は気を付けていますから。上野千鶴子さんの『※おひとりさまの老後』という著書もありますけど。
佐々木　あと、初対面の女性をグループにして1時間放っておくと、互いにすぐに打ち解けて話をして仲良くなるけど、男性は丸々1時間、誰もいっこうにしゃべらないで座っているという実験データもあるようです。男性はなかなかつながりにくい。生物学的に何か理由があるのかもしれませんけど。

山田　少なくとも男女差はあるということですね。あと、今の若い世代は、新しい縁というものに関心をもつ前に、とにかく正社員として就職しなきゃとか、婚活して結婚しなきゃという気持ちが先に出てしまう。それがある種のデフォルトになってしまっている。加えて、親と同居してるから危機感が薄いという点もあると思いますね。とにかく自分を心配してくれる親が、50歳になっても60歳になってもすごく元気でいるので、それでとりあえず安心してしまう。ふだんのつきあいはネットですませて、たまに友だちと会えばいいや、みたいな人が多いということは確かですね。

欧米みたいに、「20歳になったら家を出て独り暮らしをするんだ」っていう風潮があれば、じゃあルームメイトを探さなきゃとか、新しいサークルに入らなきゃといった「縁探し」的なことが始まると思うんですが、日本のように、親と同居したままだと安心し切ってしまい、休日もどこにも出かけず家でＤＶＤばっかり見てるとか、パチンコばっかりやってるという若者が多くなってきました。

昔は地方には青年団が存在していましたが、今はもう外から働きかけないかぎり、親

※上野千鶴子『おひとりさまの老後』…フェミニストの観点から、女性の単身ライフのすすめと、そのために必要な条件について綴ったベストセラー。

の庇護の下で内にこもって暮らし続ける人というのが増えてきている。もちろん、そうじゃない人もいっぱいいますよ。でも、増えているということは確かですよね。だから今後はその点がちょっと気がかりではあります。

佐々木　無縁社会とか孤独死といったテーマは、どうも高齢の人たちの課題のように思えるんですけれども、今日皆さんのお話をうかがっていくうちに、やっぱりその根っこは教育とか日常生活の中にあり、若い人たちにもあるのかなというふうに感じていています。おそらく、あと何時間もディスカッションしないと答えが出ないようなことなんでしょうけど。

山田　先ほど、無縁社会の番組のなかで、結局は「お金」という話に収束したお話が出てきましたけど、実際に若い人を対象にした調査を行ってみると、正社員だったり、収入が高い人ほど縁はたくさんもっているということがわかるんですね。昔の日本は「一億総中流社会」で、そういう意味でも縁はつくりやすかったんだと思うんです。やっぱり今はいろんな意味で格差が出てきている。家族がいる・いないという格差もあるし、高齢者の間でも収入が高い人と低い人の格差がある。また、コミュニケーション能力が高

い女性とそうじゃない男性の間で格差もあるでしょう。その格差をどう埋めていくかというのを社会全体で考えていかなきゃいけないと思っております。

縁をつなぐ社会に

佐々木　ありがとうございます。では最後に、皆さまからひとことずつコメントをいただいて終わりにしたいと思います。まず奥田さんから。

奥田　私は震災後のことでどうしても気になっていることがあります。「絆」という言葉がブームになったことです。私自身、以前から「ホームレス問題」について言及しながら、絆、絆、絆と言ってきました。しかし、今回のブームに対しては少しさめた視点から眺めています。「絆」の中身はなんであったのか。

たとえば去年の5月、これは「朝日新聞」に震災後に結婚相談所が活況になったというニュースが出ました。そのなかで、30代の女性がこんなふうに答えていたんです。「震災を経て、やはり人は一人では生きていけないと感じた。いざというときに誰かそばにいてほしい」。だから結婚相談所に来という記事でした。これは、どうなのか。これって絆か。確かに人は一人では生きていけないので、この意見は良くわかります。

ある会社の社長さんがこのように仰っていました。「絆とかホームが必要だということは、その通り。人は一人では生きていけないと思う」。この方は「過労死は自己責任だ」と言い切るような方です。でも、そう言い切っていたような方が「人は一人では生きていけない」とおっしゃった。ところが、その後「だから私は、この頃サークル活動とか趣味の教室に通っている。それは私にとっての老後に対するリスクヘッジ（危機回避）だ」とおっしゃったんです。

私のなかで、その言葉と、震災後の結婚相談所ブームがまさしく結びつきました。絆というものを、自分のセイフティネットというか、自己の安心安全を確保するための手段として捉えているのではないか。絆がいわば手段化されたり、商品化されたりしている現状がそこにあるわけです。今日この機会に、私があえて冠婚葬祭業の方々に申し上げたいのはまさにこういうことなんです。すなわち、本当の絆というものを表わせる冠婚葬祭業というのが残っていくんじゃないかと。

今の絆ブームのなかで言われている絆の一部は、自分の安心安全を守るために誰かを利用する、つまり相手を目的のための手段としてしまうものである。

本当の絆、すなわち私とあなたの人格的関係を結んだときに、人は自分の存在意義を知り、自己有用感を得る。自尊意識も自己有用感も、やっぱり人格的他者関係のなかでしか見出せない。

しかし、現在の絆が他者をモノ化し手段としていくならば、それは絆なのか疑問です。他者をモノ化し、利用していく絆など、非常に脆くて危ういものです。

絆というのは「きず（＝傷）」から始まると思います。そこには相互性がある。助けてもらうばっかりの、まさに今流行っているような絆のイメージで社会を創ったらおかしなことにならないか。本当の意味での絆というのは、出会うと助けられるけども、同時にきずついていくということも内包している。「もらうけれどもあげる」ということを内包している。そこで初めて絆というのはできていくんじゃないかと思うんです。

そのようなことは1923年にユダヤ人の思想家である※マルティン・ブーバーが『我と汝』という本のなかで語っています。私は今の絆ブームに関しては、「本当の絆ってなんだったのか」というのを見直すチャンスにすべきだと思っています。その際の重要な観点は、絆は傷を含むということです。

鎌田　現在NHKの大河ドラマで放映しているのは「平清盛」ですが、清盛の時代は中世のはじまりの時代でした。世が乱れ、争い事が多発し、それを収める武力集団の武士団が台頭し、戦乱を鎮めようとして、次なる戦乱を生み出していきます。またこの時代は、1212年に著されて、今年800年の節目の年を迎える鴨長明の『方丈記』が語るように、流行病が起こったり、大きな災害が非常に多い時代でした。まさに、「乱世」だったのですね。

その時代に問題になったのは、西洋においても日本においても、「死」であり、西洋では、それが「※メメント・モリ（死を想え）」という一語に結実します。日本では、それに対応するのが、「浄土」や「極楽往生」や「念仏」の教えでしょうね。称名念仏によって、死の恐怖から逃れ、「来迎」する阿弥陀如来の本願に抱かれ、救済されるというイメージと信仰が広がりました。

この「死」をどうとらえ、どのような死に方をすることができるかという問いが、生を浮かび上がらせて、命や、つながりや、共同体や、自然や、癒しなどに全部つながっていくわけですね。

ここで、大切なことは、「死」を受容する心のありかたとして、「南無阿弥陀仏」なら「南無阿弥陀仏」という心を整えるワザというか、祈り方が生まれたことです。わたしたちは、常に、ある困難な状況を解決不能に見える事態を突破していくためのワザを必要としています。そのワザがこの時代に開発された。

※マルティン・ブーバー（１８７８年—１９６５年）…オーストリア出身のユダヤ系宗教哲学者、社会学者。
※メメント・モリ（Memento mori）…ラテン語で「自分がいつか必ず死ぬことを忘れるな」という意味の警句。

そのようなワザは、深い思想性と、詩のような、ロゴスを越えたパトスや超越性をもっています。心を満たし、死と生をつなぐには、何か、詩のようなものが必要なのだと思います。それが、中世には、琵琶法師らが語り継ぐ『平家物語』として、また、世阿弥が大成した複式夢幻能という鎮魂劇として、新しいワザを伴う「詩」が生まれ、先祖からわれわれの時代にまでつながる歴史を通し見る「史」が生まれました。つまり、「死」が「詩」のワザを引き出し、「史」観を成立させていったわけです。

東日本大震災を経験した私たちは、ここでもう一度、死のとらえ方を再確認し、歴史を通し見る史観を見直し、その現実に向かい合う言葉やワザを編み出して、未来につなげていく生き方や意識変革が必要だと思います。現実には大変むずかしい課題ですが、その困難な課題に挑戦していきたいと思います。そのときに、挑戦できる力が、生者だけでなく、死者をも含む家族や仲間や絆やつながりの意識だと思います。

島薗　学生のなかには、あまりお金にならないことでもやるという人がいるんですね。そこにはやっぱり「絆」という問題があるし、それは自然とのつながりということも関係する。たとえば大学院で勉強していても、教職につける可能性なんてものは怪しいんですね。だから仲間といっしょに農業をやっている人なんかもいる。それはもしかしたら、たいへん先見の明があるんじゃないかなと私は思ったりしているんです。
　東日本の震災地にも、たくさんの方が支援に訪れていますよね。それはただ支援するだけじゃなく、その人たちにとってもいろんな勉強になっていると思います。お金にはならないけど、人間として成長する。そういう絆を学んで、その能力を身につけていくというか。そういうことを最もっと支援の力に変えていくことができるはずだと思うんです。いわば、絆が良い意味で営利になっている。医療もそうだし葬祭業もそう。そういった仕事の方が、そういうお金にならない絆の育て方というか、それにも関わって援助していくということが、一つの希望になり得るんじゃないかなと思っています。

山田　今、幸福度指標策定委員会というのを内閣府のなかでやっているんですけれども、たとえお金がどうこういう話になったとしても、絆をつくり上げるためにサポートするというのは悪いことではないんです。とにかく人は生活しなきゃいけませんからね。それに対して対価を得るということは、べつに悪いことじゃないと思います。「震災婚」みたいなものが流行ったという話を聞きますが、セイフティネットとして結婚したと思っても、実際はそうじゃないことはすぐわかるはずです。そういう経験のなかから、また本当の絆を学んでいくということもきっとあるので、手段として絆を求めるのも私自身は悪いことではないと思っています。すみません。あまり最後のコメントというにはふさわしくないですけど。

一条　冒頭で、山田先生がおっしゃられましたが、若い人のなかに、結婚式とかお葬儀の仕事に就きたいと思っている人が多いそうですね。

それは本当に若い人の直観で､的確に時代の流れを捉えてるのではないかと思います。なぜなら、これから冠婚葬祭の仕事はますますその社会的役割が大きくなるからです。というのも、冠婚葬祭こそは無縁社会を乗り越えて、日本人を幸福にすることができる大きな可能性をもっているからです。

最近、「もう血縁や地縁に期待するのは無理なので、日本人は新しい縁を探さなければならない」といったような発言が多くなっています。たしかに、今後は趣味の縁である「好縁」や、ボランティアなどで志をともにする「道縁」などの存在が重要になってくると思います。また、フェイスブックやツイッターなどのソーシャル・ネットワークでつながる「電縁」のようなものも存在感を増す一方です。

しかし、それよりも、まずは崩壊しかかっている「血縁」や「地縁」を再生することが最優先なのではないでしょうか。私たちは、「血縁」や「地縁」をあきらめてはならないのではないでしょうか。人間とは、どこまでも「血縁」や「地縁」から離れることができない存在だからです。

本当に「血縁」や「地縁」が消滅してしまった民族や国家など、それこそ存在している意味がありません。そのように、わたしは思います。「遠い親戚より近くの他人」という諺があります。でも、孤独死や無縁死を迎えないためには「遠い親戚」も「近くの他人」もともに大切にしなければなりません。そのための冠婚葬祭であり、隣人祭りであると思っています。

今年のわが社の新年祝賀式典で、私は「有縁凧」という凧を示して、「血縁」と「地縁」の再生を訴えました。有縁凧は、「縁」と大きく書かれた凧です。

見事な字は、「ダウン症の女流書家」として有名な金澤翔子さんによるものです。

金澤さんは、ＮＨＫ大河ドラマ「平清盛」の題字も書いている現代日本を代表する天才書家です。

私は、人間の幸福をよく凧にたとえます。私たちは一人では生きていけません。誰かといっしょに暮らさなければなり

ません。では、誰とともに暮らすのか。まずは、家族であり、それから隣人ですね。考えてみれば、「家族」とは最大の「隣人」かもしれません。現代人はさまざまなストレスで不安な心を抱えて生きています。ちょうど、空中に漂う凧のようなものです。そして、凧が安定して空に浮かぶためには縦糸と横糸が必要ではないかと思います。

縦糸とは時間軸で自分を支えてくれるもの、すなわち「先祖」です。この縦糸を「血縁」と呼びます。また、横糸とは空間軸から支えてくれる「隣人」です。この横糸を「地縁」と呼ぶのです。この縦横の二つの糸があれば、安定して宙に漂っていられる、すなわち心安らかに生きていられる……これこそ、「幸福」の正体ではないかと思います。

昨年、ブータンの国王ご夫妻が来日され、話題を呼びました。ブータンといえば、「幸福度世界一」の国として有名です。ブータンの人々は宗教儀礼によって先祖を大切にし、隣人を大切にして人間関係を良くしています。だから、しっかりとした縦糸と横糸に守られて、世界一幸福なのではないでしょうか。

新年会の後、松柏園ホテルというわが社の冠婚施設の駐車場で、みんなで有縁凧を揚げました。大空にたくさんの「縁」の文字が上がっている光景は壮観で、私はそれを見ながら「ああ、これこそ有縁社会だなあ。現実もこうなればいいのになあ」と思いました。しかし、その後で気づきました。本当は、この世の中には有縁爪はたくさん揚がっているのだと。しかし、その姿が透明なために見えないだけなのだと……

よく混同されますが、「縁」と「絆」は違います。「縁」は誰でももっているものですが、「絆」は苦労や苦難などの共通体験から獲得するものです。つまり、「縁」は先天的で「絆」は後天的だと言ってもよいでしょう。

この世に「縁」のない人はいません。どんな人だって、必ず血縁や地縁があります。そして、多くの人は学縁や職縁や好縁や道縁を得ていくでしょう。この世には、最初から多くの「縁」で満ちているのです。ただ、それに多くの人々は気づかないだけなのです。私は、透明な有縁爪を実体化して見えるようにするものこそ冠婚葬祭ではないかと思います。結婚式や葬儀、七五三や成人式や法事・法要のときほど、縁というものが強く意識されることはありません。冠婚葬祭が行われるとき、「縁」という抽象的概念が実体化され、可視化されるのではないでしょうか。そもそも人間とは「儀礼的動物」であり、社会を再生産するのも「儀礼的なもの」であると思います。

いま、冠婚葬祭互助会の社会的役割と使命が問われています。私は、互助会の役割とは「良い人間関係づくりのお手伝いをすること」、そして使命とは「冠婚葬祭サービスの提供によって、たくさんの見えない有縁佩を見えるようにすること」だと思います。そして、「縁っていいなあ。家族っていいなあ」と思っていただくには、私たち冠婚葬祭業者が本当に参列者に感動を与えられる素晴らしい結婚式やお葬儀を1件、1件お世話させていただくことが大切だと思います。そのうえで、互助会が「隣人祭り」などの新しい社会的価値を創造するイノベーションに取り組めば、無縁社会を克服することができるのではないでしょうか。

佐々木　一条さん、ありがとうございました。残念ですが、もう閉会のお時間となってしまいました。

本当にこのテーマはさまざまな角度から考えられる問題だと思います。そして、それに対して私たちはどんな働きかけができるのか。小さい子どもたちへの教育から、社会のなかで仕組みをつくること、あるいは、出会いの場をつくるといった、さまざまな角度から解決法が提示できるのではないかと考えています。たとえば、私はイー・ウーマンというサイトやインターネット上で人がつながる場をつくったりしていますが、インターネットで出会った人と実際に会う機会も作ってきています。おもしろいことに、実際の会合で、実は30年振りに小学生の同級生に会いました、という素敵な偶然なんかがあったりする。志が同じだとネット上で出会い、それが、実際の出会いにもつながる。会うことの素晴らしさを改めて実感しているんです。インターネットも役に立つ。そして、そこからの出会いは重要だということです。

人と人をつなぐ、心と心を寄せ合うということを形にしていくこと。……今日の座談会のなかでも、互助会がどんな役割を担えるのかという提案がありましたが、まずは、私たち、この会場にいる一人ひとりが、まず自分から人とつながったり、人のために尽くしたりというところから始まるのではないかなと思います。仮に今後、縁を結ぶための「サービス」がどんどんできあがっていったとしても、やっぱりそれを利用する人が「縁があるっていいなあ」「人といっしょにいるっていいな」と思うからこそ成り立つのではないでしょうか。そういう気持ちがあるからこそ、縁の価値が生きていく。だから、まずは仕組みをつくる前に、ご縁とか人とのつながりがどれだけ素晴らしいものかということを、身をもって体験できるような、それを広めて伝えられるような世の中になっていくといいなあ、というふうに感じました。

本日はなにぶん論客の皆様と、この深いテーマにしてこの短い時間だったものですから、会場の方々が聞きたかったお話の全部は聞けなかったかもしれませんが、ひとまずはこのような場にお集まりいただきまして厚く御礼申し上げます。また、５人の方々に盛大な拍手をお願いしたいと思います。どうもありがとうございました。

おわりに

私たちは冠婚葬祭業を営んでおりますが、最近、気づきましたのは、喪主の続柄を見ますと兄や妹といった近親の方々が喪主になっておられるケースが増えているということです。また、私の会社は新潟と山形をエリアとしておりますが、喪主が県外在住という方が増えてきています。喪主が県外におられるということは、高校から就職、または大学に進学し、そのまま就職をして帰ってこられないというケースが考えられます。当社で調べてみましたら、6年前に県外在住の喪主は4％だったのが、昨年は7％と上昇しておりました。こうした家庭の変化も、無縁社会や孤独死につながる要因の一つになっていると考えられます。このように家族環境が変化するなか、私たちは冠婚葬祭の儀礼が心の絆を確認する場、そして絆を深める場……大切なステージであるということを自覚し、今後とも無縁社会に取り組み、この大切なステージを一所懸命お手伝いしてまいります。

社団法人全日本冠婚葬祭互助協会 副会長　北村芳明

編集協力
倉本さおり

写真協力
猪又直之
大高　隆
川本聖哉
舟木京子

編：社団法人 全日本冠婚葬祭互助協会
冠婚葬祭互助会事業の健全な発展を通じて新しい儀式文化の創造をめざし、冠婚葬祭儀礼についての調査・研究や、施設運営の利用促進活動の助言などを通じ、経済の発展と国民の消費生活の改善、福祉の向上に資する活動を行っている。

著：佐々木かをり
奥田知志
鎌田東二
島薗 進
山田昌弘
一条真也

本書の売り上げの一部は東日本大震災の被災者に寄付されます。

無縁社会から有縁社会へ

発行日　2012年7月30日　初版第一刷

編　者　社団法人 全日本冠婚葬祭互助協会
発行人　仙道弘生
発行所　株式会社 水曜社
〒160-0022　東京都新宿区新宿1-14-12
TEL 03-3351-8768　FAX 03-5362-7279
URL www.bookdom.net/suiyosha/

印　刷　大日本印刷株式会社

ISBN 978-4-88065-290-0 C0036